뇌는
행복을
기억하지
않는다

フキハラの正体 なぜ、あの人の不機嫌に振り回されるのか？
FUKIHARA NO SHŌTAI NAZE, ANO HITO NO FUKIGEN NI
FURIMAWASARERUNOKA?

뇌파 실험으로 밝힌 불편한 감정의 비밀

뇌는 행복을 기억하지 않는다

미츠쿠라 야스에 지음
오시연 옮김

들어가며

'배우자(연인)가 기분이 안 좋아 보이면 마음이 불편하다.'

'남이 혼나는 모습을 보면 나도 불안해진다.'

'내가 기분 나쁜 티를 내는 바람에 분위기가 안 좋아졌다.'

누구나 한 번쯤은 이런 상황을 겪어보지 않았을까?

이것은 모두 '기분 나쁜 티를 내는 폭력', 즉, '기분 폭력'이다. 본인이 의도하건 의도하지 않건 상관없이 기분 나쁜 티를 냈다면 누구나 기분 폭력을 가했을 가능성이 있다. 물론 그 반대도 성립한다. 모든 사람이 피해자가 될 수 있고, 가해자도 될 수 있는 것이 바로 기분 폭력의 특징이다.

기분 폭력은 상대를 좋아하는가 싫어하는가, 그 사람에게 호감을 받고 싶은가 하는 감정이나, 가족인가 상사인

가와 같은 상대와의 관계와 상관없이 '기분이 나쁘다'는 감정 그 자체가 원인으로 발생한다. 이것은 그냥 넘길 수 없는 일이다. 성적인 언행에 의한 성희롱, 조직에서의 권력 관계를 이용한 직장 내 괴롭힘, 정신적 학대의 일종인 가정 내 정신적 폭력과는 성격이 다른, 말하자면 좀 더 까다로운 성격이라고 할 수 있다. 기분 나쁜 감정 자체가 다른 사람의 마음에 영향을 미치는 것이다.

뇌파는 이 사실을 명확히 보여준다.

감정은 뇌에서 생긴다. 뇌에 뻗어 있는 신경 세포 사이에서는 항상 다양한 정보가 약한 전기 신호 형태로 끊임없이 교환되며 뇌파로 변화를 측정할 수 있다. 우리는 약 20년 동안 그 뇌파를 상세하게 해석하고 감정을 시각화하기 위해 세계 최초로 감정을 실시간 측정하는 '감성 분석기'를 개발하는 데 성공했다.

감정을 시각화하면서 바로 알게 된 것은, 인간의 감정 주체는 부정적인 감정이라는 것이었다. '좋아한다', '즐겁다', '집중한다'와 같은 긍정적인 감정은 좀처럼 증가하지 않고, 일시적으로 증가해도 유지되기 어려운 반면, '싫다', '짜증난다', '초조하다'와 같은 부정적인 감정은 약간의 계기만 있어도 곧바로 증가했다. 게다가 일단 올라간 부정적인 감정은 좀처럼 사그라지지 않았다. 이것은 다시 말해 사람의 뇌가 긍정에는 매우 둔하고, 부정에는 매우 민감하다는 것을 의미한다.

덧붙여 추가 연구를 하였는데, 우리 뇌가 부정적인 정보에 얼마나 민감하게 반응하는지도 알았다. 다른 사람이 기분 나빠 하는 것에도 민감하게 반응할 정도였다. 그뿐만 아니라, 타인의 불쾌감에 무의식적으로 동조하고 있다고밖에 생각할 수 없는 현상도 일어났다.

즉, 다른 사람의 기분이 전염되고 있다는 것을 알았다. 그에 관한 메커니즘은 본편에서 자세히 다루겠지만 타인의 기분 나쁜 감정이 다른 누군가에게 적지 않은 영향을 미치는 것은 틀림없다.

이게 바로 기분 폭력이다.

이 책에서는 다년간의 뇌파 연구를 통해 알게 된 우리 감정의 놀라운 진실을 밝히면서 기분 폭력의 실태와 대처법을 이야기하고 있다. 또한 실태가 잘 보이지 않는 '마음의 병'이 어떤 영향을 미치는지 객관적으로 분석한다.

여기서는 실험 데이터도 소개하기 때문에 다소 전문적인 설명이 나오는데, 어렵다고 느끼는 부문은 건너뛰어도 된다.

뇌파가 생생히 그려내는 감정의 정체를 아는 것은 자신과 타인을 더 깊이 이해하는 통로가 되어줄 것이다. 이 책이 당신의 인생과 인간관계에 도움이 된다면 작가로서 더할 나위 없이 기쁠 것이다. 아무쪼록 끝까지 함께해주기를 바란다.

_미츠쿠라 야스에

기분 폭력이란

'기분 나쁘다'는 태도를 보여서 남을 불쾌하게 만들거나
남이 눈치를 보게 하거나 심리적 고통을 느끼게 하는 것.
본인이 의도할 수도 그렇지 않을 수도 있다.

기분 폭력 확인 테스트

혹시 당신도 기분 폭력의 피해자인가요?

다음 중 해당하는 항목에 표시해 주세요.

☐ 상대의 일거수일투족에 신경을 쓴다.

☐ 누군가가 있다, 혹은 있다고 느끼기만 해도 스트레스를 받는다.

☐ 어쩌다 함께 있는 사람과 대화할 때 침묵이 찾아오면
   어색해서 견딜 수 없다.

☐ 가정과 직장의 암묵적인 규칙을 어기지 않도록 항상 조심한다.

☐ 상대방의 '눈치 좀 챙기라는' 신호를 쉽게 알아차린다.

☐ 상대가 기분 나쁜 티를 노골적으로 내면 눈치를 보면서
   대응한다.

☐ 긴장된 분위기를 느끼면 숨이 막힌다.

☐ 상대방의 페이스에 항상 휘둘린다.

☐ 누군가를 좋아하게 되면 그 사람의 모든 것이 신경 쓰인다.

☐ 항상 마음이 편하지 않은 편이다.

☐ 왠지 모르게 항상 위축되고 두렵다.

☐ 자유가 없다고 느낀다.

☐ 남이 혼나는 모습을 보면 나까지 불안해진다.

□ 주변의 분위기에 쉽게 휩쓸린다.

□ 이유를 알 수 없는 초조함과 답답함에 시달릴 때가 있다.

→ 하나라도 해당되면 기분 폭력의 '피해자'일 가능성이 있다.

사실은 주변 사람들이 피해를 보고 있을지도 모른다. 혹시 당신은 기분 폭력의 가해자인가요?

□ 내 뜻대로 되지 않으면 기분이 언짢다.

□ 나는 기분파다.

□ 자신이 주인공이 아니면 만족할 수 없다.

□ 남이 나를 신경 쓰지 않는다고 생각하면 유감스럽다

   (챙겨주지 않으면 섭섭한 마음이 든다).

□ 후회할수록 화가 난다.

□ 내가 기분 나빠 해서 분위기가 안 좋아진 적이 있다.

□ 배려가 부족하다고 느낄 때가 많다.

□ 아무도 나를 알아주지 않는다고 생각할 때가 있다.

□ 집에서는 아무것도 신경 쓰고 싶지 않다.

□ 내가 짜증이 나면 주변 사람들이 눈치를 본다.

□ 직장 분위기가 별로 좋지 않은 것 같다.

□ 회의 중 의사소통이 원활하게 되지 않는다.

□ 배우자가 항상 짜증을 낸다.

□ 남의 소문을 내거나 험담을 자주 한다.

□ 푸념을 많이 한다.

□ 나는 집에서만 큰소리치는 편이다.

□ 배우자에게는 굳이 말로 표현하지 않아도 감정이 전달된다.

→ 하나라도 해당되면 기분 폭력의 '가해자'일 가능성이 있다.

차례

뇌파가 묘사하는 '진짜 감정'

2장

뇌는 기분 나쁜 감정만 주고받는다

기분 폭력의
실태와 대책

3장

뇌파가 비추는
'마음의 병'에 대한 진실

4장

5장

뇌파에 의한 감정의 시각화가 가진 크나큰 가능성

1장

뇌파가 묘사하는
'진짜 감정'

보이지 않는 감정을
이해하기는 어렵다

'기분 폭력'이 무엇인지 설명하기에 앞서 먼저 기분 폭력의 메커니즘을 살펴볼 필요가 있다. 그래서 감정과 뇌파에 대해 우리가 한 연구 내용부터 이야기해보겠다. 뇌의 구조, 호르몬과 감정의 관계를 깊이 있게 이해하면 기분 폭력에 관해서도 순조롭게 이해할 수 있기 때문이다. 하지만 "지금 당장 기분 폭력이 무엇인지 읽고 싶은데요!"라는 사람은 2장부터 읽어도 상관없다.

인간에게는 좋다, 싫다, 기쁘다, 슬프다, 외롭다, 설렌다, 짜증 난다, 두근거린다, 기분이 고조된다, 기분이 저하

된다, 집중한다, 안절부절못하다 등 다양하고도 복잡한 감정이 있다. 자신의 감정이라면 비교적 잘 알아차릴 수 있지만, 자신이 아닌 타인의 감정을 정확하게 알아차리기는 어렵다.

물론 말의 뉘앙스나 표정으로 어느 정도 상상할 수는 있지만, 여전히 한계가 있다. 게다가 자신의 감정을 타인에게 정확히 이해받기도 쉽지 않다. 아무리 많은 말로 표현해도 자신의 감정을 잘 전달하지 못해 답답하거나 자기 생각과 달리 다른 사람들이 자신을 이해해주지 않아서 마음이 상한 경험을 누구나 겪은 적이 있을 것이다. 사실 자신의 감정조차 잘 이해하지 못하는 경우도 많을 것이다.

또한 정신 질환, 치매, 수면 장애 등 정신적인 문제는 본인이 인지해서 자발적으로 병원을 찾아가거나 제삼자가 관찰하여 알려주는 등 정성적 지표를 이용하여 질환 여부를 파악하는 일이 대부분이므로 인지 방법과 진단하는 사람의 감각에 따라서 기준이 들쭉날쭉한 경우가 종종 있다.

이것은 모두 감정이 '보이지 않아서' 일어나는 일이다. 만약 '보이지 않는 감정'을 보이게 할 수 있다면 어떻게 될까? 그 물음에 사로잡힌 나는 감정을 시각화하는 열쇠로 뇌파에 주목했다.

감정 상태는
뇌파에 나타난다

뇌파와 감정의 관계는 과거에도 다양한 관심을 불러일으켰다. 의료 분야에서는 뇌전증(간질) 등의 발작성 의식 장애, 뇌종양과 뇌경색, 뇌출혈 등 뇌혈관 장애를 진단할 때 뇌파 검사를 했다. 최근에는 우울증과 치매 환자의 뇌파에도 특징적인 경향이 나타난다고 밝혀졌다. 즉, 뇌파는 다양한 질병과 진단에 유용한 도구로 쓰이고 있다.

하지만 뇌파 검사는 고통을 수반하지 않는 대신 진단할 수 있는 질환이 상당히 제한적이고, 뇌파 측정기를 장착하는 데 시간과 품이 들어 일반 건강검진의 검사 항목에는 포함되지 않는다. 그래서 뇌파 검사는 아직 일반인들에게 많이 보급되지 않아서 지금까지 제대로 뇌파 검사를 해본 사람이 많지 않을 것이다.

뇌파를 측정하면 '뇌가 정상적으로 작동하고 있음'을 실시간으로 확인할 수 있다. 그런데 '뇌가 작동한다'는 것은 애초에 어떤 상태를 의미할까? 한마디로 '뇌파에 전기적 신호 변화가 일어나는 상태'를 말한다. 뇌에는 그물처럼 정교한 네트워크를 만들고 약한 전기 신호를 교환하는 수천억 개의 신경세포가 있다. 그런 '뇌의 전기적 변화'를 보여주는 것이 뇌파다.

다소 전문적인 이야기지만 두피에서 얻을 수 있는 신호로서의 뇌파는 단순한 마이크로볼트μv(1μV는 볼트[V]의 100만 분의 1) 파장이다. 이 파장을 단위 시간당 반복되는 주파수로 변환하면 우리 인간의 뇌파는 대체로 약 45Hz(헤르츠)에 수렴한다. 또 헤르츠는 1초 동안 진동하는 횟수를 뜻하기 때문에 45Hz는 '초당 45회 진동한다'는 의미다.

여러분은 뇌파에 관해 '모차르트 음악을 들으면 알파파가 나온다', '스트레스를 받으면 베타파가 증가한다'와

[도표 1] 뇌파의 주파수 영역에 따른 뇌 상태의 차이

뇌파 종류	주파수	상태
델타	~3Hz	숙면 상태
세타	4~7Hz	수면 상태, 졸음
알파	8~13Hz	휴식, 눈을 감고 있을 때
베타	14~30Hz	능동적이고 활발한 사고, 집중 상태 20Hz 이상은 긴장 상태
감마	31~70Hz	흥분, 지각과 의식

같은 말을 많이 들어봤을 것이다. 이는 주파수로 변환한
뇌파를 종류별로 묶은 것으로, 3Hz까지를 델타파, 4~7Hz
를 세타파, 8~13Hz를 알파파, 14~30Hz를 베타파, 그 이
상을 감마파라고 부른다(※주파수 영역의 정의는 연구자에 따
라 다를 수 있다). [도표 1]에서 알 수 있듯이 주파수가 높을
수록 흥분된 상태다. 즉, 뇌파에는 감정 상태가 나타난다
는 뜻이다.

복잡함과 노이즈가
뇌파의 약점이다

뇌파에 감정 상태가 나타난다고 했지만 뇌파를 보고 감정 상태를 바로 알 수는 없다. 뇌파는 델타파, 세타파, 알파파, 베타파, 감마파와 같은 다른 영역의 파장이 혼합된 상태로 발산된다. 또한 뇌의 여러 영역에서 전기가 생성되므로 상당히 복잡한 형태를 띠며 파형의 패턴도 무한대에 가깝다.

게다가 대뇌 피질은 6층 구조이기 때문에 뇌에서 발생한 전기적 변화가 두피에 도달할 때는 마이크로볼트 단위가 쓰일 정도로 약하다. 이를 증폭시켜 뇌파로 볼 수 있게 하는 것이 의료용 뇌파 측정기인데, 상당한 노이즈가 포함되어 있다. 때로는 60% 이상이 노이즈인 경우도 있다.

따라서 주파수 영역을 계산할 때는 일단 노이즈를 정확하게 제거하는 작업이 우선되어야 한다. 그렇게 하지 못하면 완전히 다른 데이터로 해석되기 때문이다.

그러므로 '뇌파에 감정 상태가 나타난다'는 문장이 틀린 것은 아니지만, 복잡하고 노이즈 투성이인 뇌파를 보면 바로 감정의 변화를 해석할 수 있다는 말은 틀린 말이다.

우리는 연구를 거듭한 끝에 뇌파 데이터의 노이즈를 실시간으로 제거하는 알고리즘에 대한 특허를 취득했고, 그 상태에서 좀 더 세밀한 주파수 분석 작업을 했다. 그리고 마침내 스트레스를 받았을 때, 행복할 때, 집중했을 때와 같은 감정별 뇌파 패턴을 잡아낼 수 있게 되었다.

감정은
호르몬에 좌우된다

여러분이 감정에 관해 생각할 때 또 하나 기억해야 할 점이 있는데, 바로 호르몬이다. 호르몬은 주로 내분비기관과 조직으로 구성된 정보 전달 물질이다. 신체 내외부의 자극에 반응하여 분비되고 특정 장기와 세포를 자극해 활성화하는데, 이는 감정의 변화와 매우 밀접한 관련이 있다.

예를 들어 이른바 '스트레스 호르몬'이라고 불리는 코르티솔은 강한 스트레스를 받으면 부신 피질에서 빠르게 분비되고, '행복 호르몬'인 세로토닌은 심리적으로 안정되면 많이 분비된다는 것은 이미 잘 알려진 사실이다. 그 밖에도 마음을 평온하게 하는 옥시토신, 의욕을 불러일으키는 도파민, 기분을 북돋우는 아드레날린, 잠을 잘 오게 하는 멜라토닌 등 감정적인 변화와 연동된 매우 다양한 호르몬이 존재한다.

실제로 정신건강 의학과에서는 혈액과 수면 중의 호르몬 수치를 측정하여 감정 상태를 진단하기도 한다.

또 호르몬과 감정의 변화 관계는 닭이 먼저냐, 달걀이 먼저냐 하는 측면도 있어서 호르몬의 양이 변해서 감정이 변화하는 것인지, 감정의 변화로 호르몬의 양이 변하는 것인지, 혹은 두 가지 다인지가 전문가들 사이에서도 의견이 나뉜다. 나는 호르몬의 양이 변해서 감정이 변한다는 이론에 기울어지긴 하지만 아무튼 호르몬과 감정 사이에는 직접적으로 강한 관련이 있는 것은 확실하다.

감정을 시각화하는 열쇠는
뇌파와 호르몬의 관계다

뇌파가 감정에 따라서 변하고 그 감정은 호르몬에 의
해 변한다고 하면, 호르몬의 변화가 결과적으로 뇌파를 변
화시킨다고 생각할 수 있다. 연구 결과 끝에, 예를 들어 체
내 코르티솔이 활성화되면 뇌파도 이를 따르는 형태로 변
한다는 것을 알게 되었다.

코르티솔은 스트레스가 증가하면 활성화되므로 코르

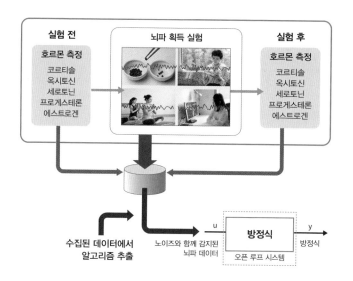

티솔 활성화는 '스트레스 정도'의 변화를 나타낸다고 해석할 수 있다. 그래서 나는 감정과 관련된 호르몬 변화와 뇌파의 변화 정도 사이에 어떤 규칙을 수식화할 수 있다면 뇌파의 파형에서 감정을 해석할 수 있다고 생각했다.

이에 대해 '스트레스 정도'를 이용한 실험을 예로 들어 간단히 설명하겠다.

먼저 실험을 시작하기 전에 피실험자의 호르몬 수치(이 경우 코르티솔)를 측정한다. 그리고 이후 60분 동안 피실험자는 젓가락으로 콩을 집어 들어 옮기는, 즉 스트레스를 느끼는 행위를 한다. 그 사이 뇌파를 계속 측정하고, 실험을 시작한 지 50분 뒤부터 종료할 때까지 10분 동안 나타나는 뇌파를 결과로 채택한다. 실험을 마친 후 호르몬 수치(코르티솔)를 다시 측정하여 실험 시작 전과 비교하고 스트레스로 인해 호르몬이 어떻게 변화했는지 확인한다.

이 실험의 목적은 스트레스와 관련된 코르티솔의 변화와 뇌파의 변화 사이에 어떤 규칙이 있는지 밝히기 위해 데이터를 수집하는 것이다. 즉, 실험 전보다 코르티솔 수치가 10% 증가한 사람의 뇌파 파형, 20% 증가한 사람의 뇌파 파형, 30% 증가한 사람의 뇌파 파형 등 수천 개의 데이터를 축적해 그 특징을 분석함으로써 뇌파에서 '스트레스 정도'를 읽어내는 식을 도출할 수 있다는 이야기다.

또 호르몬의 종류와 조합, 그리고 피실험자의 행동을 변화시킨 데이터도 수집해서 집중력, 흥미, 관심도, 졸음 등의 감정과 뇌파의 관계를 풀어내는 것도 성공했다.

감정을 실시간으로 시각화하는 '감성 분석기'

10대부터 70대에 이르는 폭넓은 나이의 다양한 국적을 가진 사람들을 대상으로 총 8천 명 이상, 시간으로는 약 2년에 걸친 꾸준한 실험과 데이터 수집, 그리고 이를 해석한 끝에 '감성 분석기'가 탄생했다.

의료용 뇌파 측정기는 상당히 공간을 차지하지만 '감성 분석기'는 머리띠형의 뇌파 측정기와 태블릿 단말기로 동작하는 앱으로 이루어진 매우 단순한 구조로 되어 있다. 누구나 쉽게 장착할 수 있고 앱으로 초기 설정만 하면 뇌파를 바로 해석할 수 있다. 이런 사용 편의성이 감성 분석기를 보급화하는 데 큰 역할을 할 것이다.

뇌파 해석이 시작되면 집중력, 스트레스, 흥미, 졸음, 호감, 편안함, 불편함, 혐오감, 이완 등의 감정에 따라 수치가 그래프로 기록된다. 감성 분석기의 가장 큰 강점은 서른 가지가 넘는 다양한 감정을 보여주는 뇌파의 변화를 객관적인 수치로 볼 수 있고, 더욱이 실시간으로 볼 수 있다는 점이 강점이다.

예를 들어 광고대행사 등이 실시하는 광고에 대한 평가는 일반적으로 광고들을 모두 시청한 후 설문 조사를 하는 형태로 이루어진다. 하지만 설문 조사에 상당히 자의적으로 응답하는 사람이 많고 여러분도 잘 알다시피 '좋음'과 '싫음' 중 하나를 선택해야 한다면 몰라도 '매우 좋음', '좋음', '약간 좋음', '약간 싫음', '싫음'과 같이 여러 개의 선택지가 주어지면 내 감정이 도대체 어떤 것에 해당하는지 판단하기 어려울 때가 많다. 고민 끝에 뚜렷한 근거나 기준 없이 대충 답변을 고르기도 한다. 이 때문에 답변과 현실이 반드시 일치한다고 볼 수 없다.

또 먼저 본 광고일수록 내용을 잊어버려 기억이 희미해지고 나중에 본 광고일수록 인상에 강하게 남기 때문에 내용만 가지고 순수하게 비교하기 어렵다는 문제도 있다. 게다가 어느 정도 일치했다고 해도 그 광고의 전체적인 감상에 머무르는 경우가 대부분이다.

특히 일본인들은 제작자의 마음을 헤아리거나 배려하는 감정 때문에 좋은 말만 하려는 경우가 왕왕 있으니 진의를 파악하기가 생각보다 훨씬 어렵다.

하지만 본인이 통제할 수 없는 변화무쌍한 뇌파를 읽어내는 방식을 이용하면 감정 변화를 빠르게 수치화할 수 있다. 즉, 자신이 얼마나 좋아하고 얼마나 싫어하며, 어떤 장면에서 집중했는지, 어떤 장면에서 불쾌했는지 객관적이고 실시간으로 확인할 수 있다. 설문 조사와 같은 모호함도 없고 거짓말이나 상대에 대한 배려도 반영되지 않는다.

이처럼 뇌파에 나타나는 피실험자의 감정을 직접적이고 정확하게 그려내는 감성 분석기는 광고 평가는 물론 상품화 테스트와 메뉴 개발 등 다양한 분야에서 이미 활용되고 있다.

좋은 일에는 둔하고
싫은 일에는 민감한 뇌

뇌파의 현상을 포착하고 감정을 시각화하면 '어떤 자극에 어떻게 반응하는가' 하는 '뇌의 습성'을 알 수도 있다.

그럼, 이제부터 뇌파가 비추는 뇌의 예상치 못한 모습에 관해 이야기해보자.

제일 먼저 좋은 일과 싫은 일에 대한 반응의 차이부터 알아보자. 먼저 좋은 일에 대한 반응부터 살펴보자.

[도표 1-1]은 동물을 좋아하는 피실험자들이 귀여운 동물 영상을 보고 1분 동안 편안함과 만족감 등 긍정적인 감정을 나타내는 뇌파에 변화가 있는지를 조사한 결과다. 참고로 이 영상은 실험 전 한 번만 시청했다.

편안함과 만족감을 나타내는 뇌파가 나오긴 하지만 상승 곡선은 상당히 완만하다. '서서히 올라간다'라고 표현

[도표 1-1] 긍정적인 자극을 가했을 때의 뇌파

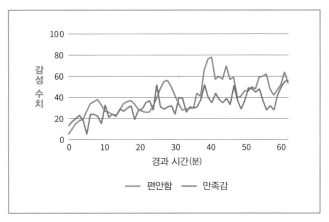

하는 게 적절하다. '좋아하는 과일을 먹게 한다', '푹신하게 몸을 감싸는 소파에 앉는다', '좋아하는 음악을 들려준다' 등 여러 종류의 긍정적인 것에 대한 반응도 살펴봤지만 뇌는 느리게 반응했다. 맛있는 것을 한입 베어 무는 순간 '아, 행복해~'라고 중얼거리지만, 그것은 우리가 그렇게 생각할 뿐이고, 실제로는 맛있는 음식을 먹는다고 해서 행복하다는 느낌이 급격히 증가하지는 않는다고 생각하는 게 좋을 것 같다.

[도표 2-1] 부정적인 자극을 가했을 때의 뇌파

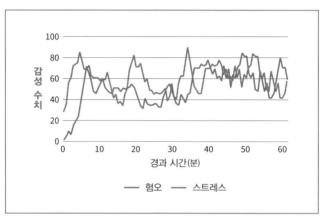

그러면 싫은 일에 대해서는 어떻게 반응할까? 이를 살펴보기 위해 우리는 피실험자에게 수술 중의 적나라한 영상을 보여주었다. 그들은 피를 보는 것을 매우 혐오했기 때문에 상당히 싫은 일에 속할 것이다.

물론 이것도 실험 전에 영상을 한 번만 보고 나서 1분 동안의 감정을 나타내는 뇌파의 변화를 살펴보았다. 그 결과가 [도표 2-1]이다.

[도표 1-1]과는 뇌파의 형태가 확연히 다르다. 혐오를 나타내는 뇌파와 스트레스를 나타내는 뇌파 모두 영상을

보자마자 순식간에 (3초 이내) 강하게 나타났다.

이와 관련하여 '싫어하는 음식 사진을 보여준다', '귀에 거슬리는 금속음을 들려준다', '까끌까끌한 스웨터를 입게 한다'와 같이 싫은 것의 종류를 바꾸어 비슷한 방식으로 실험을 진행했는데 싫은 일의 내용과 상관없이 반응 속도는 비슷했다. 다시 말해 뇌는 싫은 것에는 굉장히 민감하게 반응했다.

혐오에 집착하고 편안함은 금방 잊는다

반응 속도 측면에서는 부정적인 감정이 상당한 차이를 보이며 승리했다고 할 수 있다. 그러면 감정의 지속성은 어떨까? 슬로 스타터Slow Starter인 긍정적 감정이 뒷심을 발휘해 부정적 감정을 이길 수 있을까?

먼저 [도표 1-2]를 보자. [도표 1-1] 이후, 다시 말해 귀여운 동물 영상을 보고 나서 40분 동안의 감정 변화를 나타낸 뇌파다.

[도표 1-2]   긍정적인 자극을 가했을 때의 뇌파

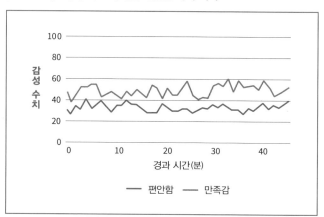

만족감을 나타내는 뇌파와 편안함을 나타내는 뇌파를
보면, 만족감을 나타내는 뇌파는 계속해서 나타나고 있지
만, 편안함의 뇌파는 낮은 수준으로 가라앉았다. 귀여운
동물 영상을 보면서 느꼈을 편안함은 지속성이 거의 없음
을 알 수 있다.

그러면 부정적인 감정은 어떨까? [도표 2-2]는 앞서
말한 수술 중의 적나라한 영상을 본 뒤 40분 동안의 감정
을 나타낸 뇌파의 변화다.

혐오를 나타내는 뇌파와 스트레스를 나타내는 뇌파 모

[도표 2-2] 부정적인 자극을 가했을 때의 뇌파

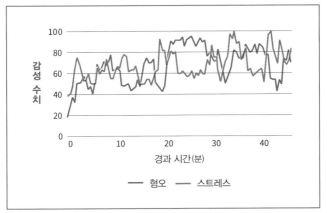

두 전혀 수습될 기미가 보이지 않으며 오히려 강화되었다.
다시 한번 말하지만 적나라한 영상을 본 것은 단 한 번뿐
이었다.

그런데도 스트레스와 불쾌한 기분은 그 후 40분이나
지속되었다. 스트레스에 관한 뇌파가 혐오에 관한 뇌파보
다 앞서 나가는 듯 보이는 것은 스트레스가 쌓이면서 불
쾌한 기분이 되어간다고 해석할 수 있다.

즉, 우리의 뇌는 좋은 것에 대한 편안함은 금방 놓아주

고, 싫은 것에 대한 불쾌감과 스트레스는 끈질기게 붙잡고 있는 참으로 곤란한 경향이 있다.

잘 생각해보면, 하루 종일 기분 좋게 지내는 날은 거의 없지만, 짜증을 내며 하루를 보내는 날은 드물지 않다. 이것도 긍정적인 감정은 오래가지 않지만 부정적인 감정은 오래간다는 뇌의 습성 때문이다.

인간의 흥미는 이리저리 옮겨 다닌다

또 하나, 긍정적인 감정의 지속성에 대한 실험 결과도 소개하겠다. [도표 3]은 좋아하는 배우의 신작 영화 예고편을 본 후 피실험자의 흥미를 나타내는 뇌파의 변화다. 예고편을 보면서 높아졌는가 싶었지만 순식간에 가라앉았다.

사실 이 실험에는 약간의 트릭이 있는데, 예고편을 끝까지 보여주지 않고 중간에 멈추었다. 그렇게 하면 더 보고 싶다는 욕구를 자극해 더 강한 흥미를 느낄 것으로 생

[도표 3]　흥미는 이리저리 옮겨 다닌다.

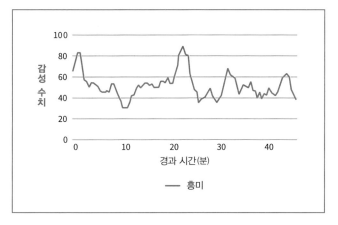

각했기 때문인데, 결과는 의외였다.

　흥미를 나타내는 뇌파는 급격히 약해졌다. 너무 약해져 20분 후 나머지 예고편의 일부를 보게 했다. 중간에 한번 회복된 것처럼 보이는 것은 그 효과일 것이다.

　하지만 결국 그 후에도 흥미를 나타내는 뇌파는 계속해서 약해졌다. 즉, 인간의 뇌는 오랫동안 흥미를 유지할 수 없다.

　TV 프로그램을 종종 시청하다 보면 시청자의 흥미를

자극하기 위해 결정적인 장면 앞에 광고를 넣는 기법을 사용할 때가 있다. 하지만 시청자들의 흥미를 유지할 목적이라면 그 기법은 적어도 뇌파를 기준으로 볼 때, 그다지 효과적이지 않을 수도 있음을 보여주는 실험 결과다.

긍정적인 감정을
오래 지속시킬 방법은?

지금까지의 이야기에서 단 한 번의 긍정적인 자극에 의한 긍정적인 감정은 오래가지 않는다는 것을 이해하게 되었을 것이다.

그렇다면 긍정적인 자극을 계속 가한다면 긍정적인 감정을 오랫동안 유지할 수 있을까?

우리는 귀여운 동물 영상을 미리 본 후, 편안함을 나타내는 뇌파와 만족감을 나타내는 뇌파가 나오기 시작한 피실험자의 뇌파를 계속 측정해 뇌파가 약해질 때마다 다시 한번 같은 영상을 보여주었다. 그 결과가 [도표 4]다.

영상을 본 직후에는 호감을 나타내는 뇌파가 확실히

[도표 4] 지속적인 자극으로 긍정적인 감정을 유지시킨다.

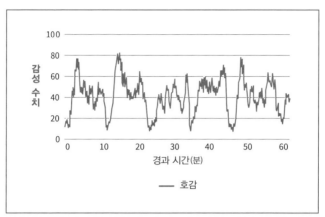

증가하지만 잠시 후 다시 내려오고, 이후 다시 자극을 받
으면 뇌파가 다시 증가하는 식으로 반복됨을 알 수 있다.

이러한 결과는 긍정적인 감정을 오랫동안 유지하기 위
해서는 긍정적인 자극을 반복적으로 주는 게 중요하다는
것을 보여준다.

좋아하는 음악이나 영상을 계속 틀어놓거나 좋아하는
향기를 방에 풍기게 했을 때 비교적 편안하게 오랜 시간
을 보낼 수 있는 이유는 긍정적인 자극을 계속 제공하여
긍정적인 감정을 유지할 수 있기 때문이다.

뇌는
집중하지 못한다

일과 공부에 필요한 집중력도 사람들이 오랫동안 지속시키고 싶은 감정 중 하나다. 우리는 일반적인 사무실 환경에서 컴퓨터로 수치를 입력하는 피실험자의 집중력을 나타내는 뇌파를 60분 동안 측정했다.

[도표 5]에 그 결과가 나타나 있다. 처음 10분 정도는 그나마 집중력을 발휘했지만 이후 서서히 내려가면서

[도표 5] 집중력은 여러 요소에 의해 저하된다.

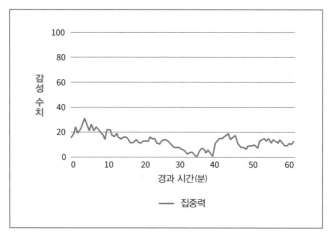

35~40분에는 거의 0으로 떨어졌다.

집중력이 높은 수준에 이르지 못하는 이유는 실험 장소가 일반적인 사무실 환경이기 때문일 것이다. 다른 사람들의 말소리, 전화 소리, 다른 사람들의 행동 등 모든 요소가 피실험자들을 자극해서 집중력을 떨어뜨렸다. 일반적인 사무실 환경에서는 이 정도의 집중력을 유지하는 것이 현실이다.

그렇다면 사무실의 업무 일정을 짤 때는 너무 욕심내지 말고 환경을 고려하는 것이 현명할 수 있다.

집중력을 나타내는 뇌파가 0까지 내려가자 커피 한 잔을 마셨고, 이후 집중력이 다소 회복되었지만 이내 다시 약해졌다. 집중할 수 있는 환경을 갖춘 경우는 별개지만, 이 결과를 보면 보통 환경에서 인간의 집중력은 기껏해야 40분 정도가 한계로 보인다.

그런 의미에서 중고등학교의 수업 시간이 이 정도로 정해진 것은 타당하다고 할 수 있다. 대학의 경우 90~100분이 많은데, 집중력이라는 관점에서 보면 조금 긴 편일 수도 있다.

　실제로 이 실험에서는 '실수가 적을수록 보상이 커진다'는 인센티브를 제공해 집중해야 할 상황을 만들어냈다. 그런데도 결과가 이렇다는 것은 인간이 집중력을 유지하는 것이 상당히 어렵다는 것을 보여준다.

행복한 순간에도
스트레스는 사라지지 않는다?

　그런데 기쁜 일이 일어났을 때 그 기분을 '가슴속에 행복이 가득하다'고 표현하기도 하는데, '가슴속에 행복이 가득한' 상태가 정말로 존재할까? 다시 말해 긍정적인 감정이 충분히 고양되면 부정적인 감정을 멀리할 수 있을까? [도표 6-1]을 보면 그 답을 알 수 있다.

　이것은 사전에 조사한 피실험자가 좋아하는 디저트를 먹었을 때 느끼는 감정을 나타낸 뇌파의 변화다. 피실험자는 푹 빠졌다고 할 정도로 그 디저트를 좋아하기 때문에 호감을 나타내는 뇌파가 상당히 강하게 나왔다. 또 편안함

[도표 6-1] 좋아하는 디저트를 먹었을 때의 뇌파

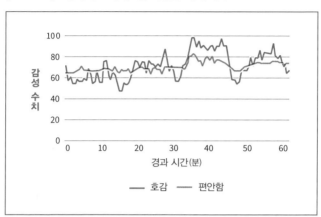

을 나타내는 뇌파도 매우 높은 수준이었다. 행복해서 마음
이 충만한 상태라고 할 수 있다.

그러면 여기에 동시에 측정한 스트레스를 나타내는 뇌
파의 데이터를 추가해보자. 그것이 [도표 6-2]다.

놀랍게도 스트레스를 나타내는 뇌파는 호감을 나타내
는 뇌파와 편안함을 나타내는 뇌파에 맞먹는 기세로 높은
수치를 기록했다. 행복으로 가득 차 있을 때조차 스트레스
는 우리 마음에서 나름의 존재감을 유지하고 있었다.

[도표 6-2]   행복할 때도 스트레스를 받고 있다?

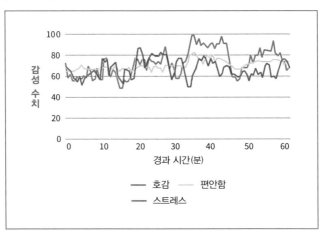

호감을 나타내는 뇌파가 강하게 나오는 시점에서 스트
레스를 나타내는 뇌파가 다소 약해지는 경향은 확실하다.
하지만 호감과 편안함은 역시나 길게 가지 않았다.

모처럼 호감과 편안함이라는 긍정적인 감정이 다소 증
가하는 순간에도 스트레스에 그 기분이 금방 묻혀버린 것
이다.

제일 좋아하는 음식을 먹고 있는데, 왜 스트레스를 받
는지 상상에 맡길 수밖에 없지만, 예를 들어 '단 음식을 먹

으면 살이 찔지도 몰라'라는 잠재적 불안이 있을 가능성도 있다. 혹은 이 실험 자체와는 전혀 상관없는 일상생활에서의 걱정거리나 불안함이 관계되어 있을 수도 있다.

사실 다른 피실험자를 대상으로 좋아하는 뮤지션의 뮤직비디오를 보게 하는 실험도 했지만 결과는 거의 같았다. 호감을 나타내는 뇌파와 편안함을 나타내는 뇌파가 모두 강하게 나왔지만, 스트레스를 나타내는 뇌파도 마찬가지로 나왔다. 뮤직비디오를 본다고 해서 살이 찔 가능성은 없으므로 이 피실험자의 경우는 뮤직비디오와는 상관없는 요인이 스트레스로 작용한 것이겠지만 그 이유를 명확하게 알 수는 없었다.

이러한 실험에서 분명하게 말할 수 있는 것은, 긍정적인 감정이 아무리 고조되어 있어도, 혹은 행복하고 뿌듯하다고 믿어도, 부정적인 감정은 쉽게 거기에 파고든다는 점이다.

스트레스는
호감으로 덮을 수 없다

그러면 긍정적인 감정으로 부정적인 감정을 덮을 수 있을까? 그 답은 [도표 7-1]에 나와 있다.

이것은 1시간 내내 리포트를 쓴 학생이 좋아하는 디저트를 먹고 휴식하고 있을 때의 감정을 나타내는 뇌파의 변화다. 호감을 나타내는 뇌파도 나오지만 1시간 동안 리포트를 작성하느라 높아진 스트레스를 나타내는 뇌파는 그다지 약해지지 않았다.

[도표 7-1]   약간의 호감으로는 사라지지 않는 스트레스

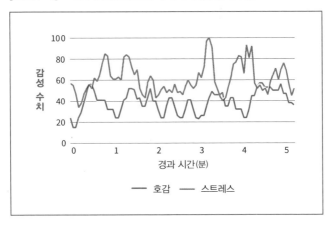

이대로 계속 휴식하면 언젠가는 진정되겠지만 뇌파에서 읽어낸 이 결과를 보면 호감이 증가해서 스트레스가 사라진다기보다는 작업을 그만둔 데 따라 스트레스가 감소했을 가능성이 더 크다.

사실 한참 짜증이 날 때 좋아하는 것을 좀 했다고 해서 금방 유쾌해지지 않는 것이나 축 처진 기분을 전환하기 위해 즐거운 일을 생각해도 좀처럼 스트레스가 사라지지 않는 것을 사람들은 경험적으로 알고 있다. 그야말로 이것이 뇌파를 통해 나타난 것이다.

즉, 여기서 도출되는 결론은 단시간에 부정적인 감정을 긍정적인 감정으로 때려눕히는 것은 어렵다는 뜻이다. 다만 긍정적인 자극에 따라 스트레스가 단숨에 풀리는 경우가 전혀 없진 않다.

그것을 나타낸 것이 [도표 7-2]다.

이것은 연일 실험을 하느라 피로가 쌓인 대학생에게 그 학생이 줄곧 원했던 어떤 가수의 라이브 공연 플래티넘 티켓을 깜짝 선물로 주었을 때의 감정을 나타낸 뇌파다. 그 학생은 환호할 정도로 좋았는데, 뇌파를 봐도 호감

[도표 7-2] 호감이 크게 상승하면 스트레스가 낮아진다.

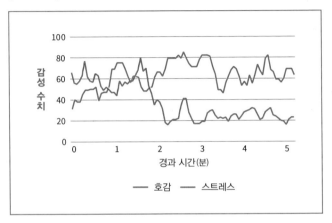

이 급격하게 높아진 것을 알 수 있다.

그리고 놀랍게도 상당히 강하게 나오던 스트레스 뇌파가 호감이 높아지자 반대로 점점 약해졌다.

상당히 드문 경우라고 생각하지만, 폭발적인 수준으로 상승하는 긍정적인 자극이 있으면, 스트레스를 한꺼번에 해소하는 것이 불가능하지 않다는 것을 단적으로 보여주고 있다.

흥미를 쉽게 지워버리는
스트레스

반대로 부정적인 감정은 긍정적인 감정을 쉽게 고갈시
킨다. [도표 8]은, 흥미의 지속성에 관한 실험 결과인 [도
표 3]과 함께 측정된 스트레스 정도를 나타내는 뇌파의 변
화를 보여준다.

이 도표를 보면 스트레스가 고조될수록 흥미가 감소하
는 것을 알 수 있다. 예고편이 도중에 끊겨서 피실험자의
짜증이 커지고 있으며 그 스트레스로 인해 예고편에 대한

[도표 8] 스트레스가 흥미를 방해한다.

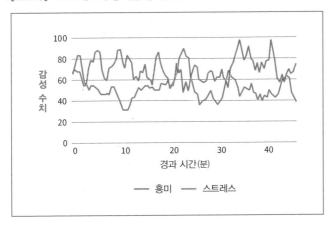

흥미를 잃었다고 생각된다.

그 경우 앞에서도 언급했듯이 한참 흥분해 있을 때 결정적인 장면 앞에 광고를 집어넣는 방법은 어쩌면 시청자의 흥미를 빼앗을 뿐만 아니라 시청자가 짜증이 난 상태에서 광고를 보게 할 가능성도 있다.

인간은 부정적인 감정에서 벗어날 수 없다

뇌파에서 실시간으로 감정을 읽어내고 이를 수치화했더니 매우 재미있는 사실이 밝혀졌다. 호감, 만족감, 편안함, 집중력, 흥미와 같은 긍정적인 감정을 나타내는 뇌파는 종종 0이 되지만 혐오, 불쾌감과 같은 부정적인 감정을 보이는 뇌파는 거의 0이 되지 않는다는 것이다.

스트레스에 관해 0이 되는 일은 특히 없다고 단언할 수 있을 정도다.

감정은 사람의 사고방식이나 성격에 따라 다르게 나타

나고 존재하지만, 뇌파라는 현상을 보면 부정적인 것에 민감하게 반응하고 오랫동안 집착하는 보편적인 뇌의 습성이 여실히 드러난다. 그리고 그런 뇌의 습성이야말로 이 책의 주제인 기분 폭력의 근본적인 원인이다.

다음 장부터 타인의 영향을 받아 흔들리는 우리의 감정과 기분 폭력의 메커니즘에 대해 이야기하겠다.

2장

뇌는
기분 나쁜 감정만
주고받는다

감정은 자극에
더욱 많이 흔들린다

뇌파의 다양한 자극으로 감정의 변화를 나타낸 우리 뇌는 다음과 같은 특성이 있다는 것을 알 수 있었다.

○ 부정적인 자극에는 민감하고, 긍정적인 자극에는 둔감하다.

○ 부정적인 감정은 떨쳐버리기 어렵고, 긍정적인 감정은 지속되기 어렵다.

1장에서는 뇌와 감정에 관한 연구를 자세히 살펴보았고, 뇌의 습성을 이야기하기 위해 영상과 맛 등의 자극에 뇌가 어떻게 반응하는지 알아보았다. 그러나 기분 폭력의 원인은 사람이다. 즉, 자신이 아닌 다른 누군가의 존재와

그가 하는 말 등 타인이 발산하는 자극에 의해 기분 폭력이 생긴다.

그래서 이번 장에서는 뇌파에 나타나는 감정의 움직임으로 타인이 발산하는 자극이 우리 감정에 어떤 영향을 미치는지 읽어보면서 기분 폭력의 메커니즘을 밝혀보겠다.

감사하는 마음은 잘 전달될까?

사람이 발산하는 자극 중에서도 말과 행동에 의한 자극은 감정에 특히 강한 영향을 미친다. 우리 뇌는 그런 자극에 어떻게 반응할까?

먼저 감사하는 마음을 전달받았을 때 감정의 움직임을 살펴보자. 사람들은 '고맙다'는 말은 '마법의 단어'라고 하는데, 사람은 누군가가 자신에게 감사하면 정말로 감정이 변할까? 이를 알아보기 위해 다른 대학생의 보고서 작성을 도와준 학생(피실험자)에게 도움을 받은 학생이 고맙다는 뜻을 말과 태도로 전달하기 전과 후에 피실험자 학생

의 감정을 나타내는 뇌파가 어떻게 변하는지 측정했다. 그
결과가 [도표 9-1]과 [도표 9-2]다.

　[도표 9-1]이 감사하기 전이고, [도표 9-2]가 감사한
다고 전달받은 후인데, 놀랍게도 뇌파에 거의 변화가 없었
다. 좋아하는 정도를 나타내는 뇌파나 만족도를 나타내는
뇌파가 급격히 강해지지도 않았고, 스트레스를 나타내는
뇌파도 가라앉지 않았다.

[도표 9-1]　감사의 뜻을 전하기 전의 뇌파

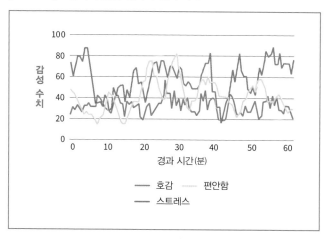

[도표 9-2] 감사의 뜻을 전한 후의 뇌파

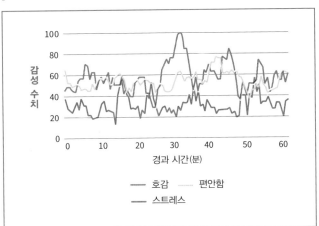

이러한 결과는 타인이 감사한다고 해서 감정이 별로 움직이지 않는 것, 즉 '고마워'라는 말은 유감스럽게도 마법과 같은 힘이 없다는 것을 알 수 있다. 뇌의 실태를 봐서는 '굳이 감사를 표현할 가치가 없다'고 생각할 수도 있다.

하지만 부정적인 감정의 민감함과 긍정적인 감정이 사라지는 용이성을 고려할 때, 친절을 무시하는 행동은 상대방의 스트레스를 증가해 호감과 만족감과 같은 긍정적인 감정을 잃게 될 것이다.

따라서 상대방의 긍정적인 감정을 최소한의 상태로 유
지하려면 필요할 때 감사의 마음을 적절하게 표현하는 것
이 최선이다.

의심을
잘하는 뇌

타인이 나에게 감사해도 실제로 내 기분은 거의 변하
지 않는다. 요컨대 긍정적인 감정이 상승하지 않는다는 것
을 알았다. 그렇다면 칭찬을 받으면 어떨까? 그 답이 될
것 같은 게 [도표 10-1]이다.

이것은 보고서를 칭찬받았을 때 5분 동안 피실험자의
감정이 변하는 뇌파다. '칭찬받았다'라는 요소에 의해서만
변하는 감정을 보기 위해, 칭찬을 하는 사람은 그 학생이
얼굴을 아는 수준인 교사가 맡게 했다. 긍정적인 감정은
지속하기 어렵다는 뇌의 특성도 고려하여 '5분 동안 말로
계속 칭찬해주기'를 부탁했다.

5분 동안 꾸준히 칭찬을 받았는데도 상대방에 대한 호

[도표 10-1]   칭찬을 받아도 호감은 별로 증가하지 않는다.
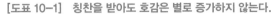

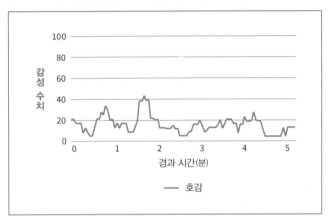

감을 나타내는 뇌파에는 거의 변화가 없었다. 아무리 긍정

적인 감정에 뇌의 반응이 둔하다고 해도 거의 무시라고

해도 되는 수준이었다. 일시적으로 강한 것처럼 보이는 부

분도 4% 정도밖에 안 되기 때문에 이 정도 수치로 호의적

이라고 할 수는 없다.

사실 이 실험에서는 스트레스 정도를 나타내는 뇌파의

변화도 동시에 측정했다. 그것을 겹친 것이 [도표 10-2]다.

시간이 지날수록 스트레스 정도를 나타내는 뇌파가 점

점 강해졌다. 전반적으로 높아졌다고 할 정도는 아니더라

[도표 10-2] 칭찬을 받아도 스트레스가 증가한다?

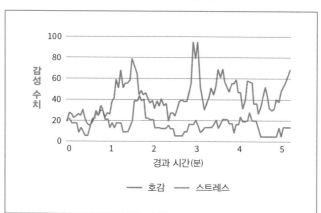

도 전체적으로 상당히 높은 수준이다.

칭찬이라는 긍정적인 자극이 지속적으로 주어지는데 이것은 어떻게 된 걸까?

잘 모르는 상대가 갑자기 자신을 칭찬하기 시작하자 '상대에게 어떤 속셈이 있지 않을까' 하고 의심했을 가능성이 있다. 그것 때문에 스트레스가 올라가고 그만큼 호감이 지워졌을지도 모른다. 만약 그렇다면 '칭찬받기 싫어하는 사람은 없다'라는 말은 꼭 사실이 아닐 수도 있다.

칭찬이 신뢰를
높여주진 못한다

그래서 시험 삼아 평소 신뢰하는 사람에게 칭찬을 받는 실험도 해봤다.

어떤 대학에서 가장 신뢰하는 선배는 누구인지 미리 알아두었고, 그 선배가 [도표 10]과 같이 보고서에 대해 5분 동안 계속 칭찬했을 때 피실험자 학생들의 감정을 나타내는 뇌파의 변화를 조사했다. 그 결과가 [도표 11]이다.

[도표 11]에서는 얼굴만 아는 상대에게 칭찬을 받았을

[도표 11] 신뢰하는 사람에게 칭찬을 받으면 기분이 좋아진다.

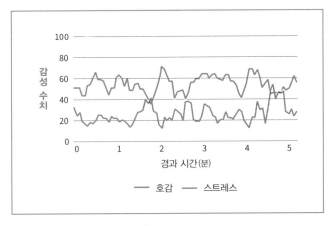

때와 같은 스트레스를 나타내는 뇌파가 강하게 나오는 경향은 보이지 않았다. 칭찬하는 사람이 신뢰하는 사람이라면 '뭔가 속셈이 있는 것은 아닐까'라고 의심할 필요가 없으니 비교적 평온한 상태일 것이다. 가끔 스트레스를 나타내는 뇌파가 강하게 나오는 시점은 특정 단어에 대해 약간 마음에 걸려서일 수는 있겠지만, 전체적으로 보면 불쾌한 기분은 아니다.

또한 [도표 10-2]와 비교하면 일관되게 호감을 나타내는 뇌파 수준이 더 높다. 다만 호감을 나타내는 뇌파가 애초에 처음부터 비교적 강하게 나오고 있고 그로부터 거의 변화가 없다는 점은 주목할 만하다.

지금까지 살펴보았듯이 긍정적인 감정이 둔하다는 점을 생각하면, 칭찬을 받은 순간에 호감을 느끼게 되었다고 생각하는 것은 무리다. 즉, 이 호감을 나타내는 뇌파는 원래 피실험자가 품고 있던 선배에 대한 신뢰를 나타낸다. 원래 그 선배에게 호감을 갖고 있다는 것을 보여줄 뿐이지 이 실험에서 '칭찬받았다'는 것과는 무관하다.

실제로 칭찬 실험이 끝난 후에도 그 학생의 감정을 보여주는 뇌파를 계속 측정했지만, 신뢰하는 선배가 같은 방에 있는 동안에는 [도표 11]과 큰 차이가 없었다.

결국 [도표 11]에 나타난 호감은 그 선배에 대한 피실험자의 평소 감정을 반영한 것에 불과하다는 뜻이다.

이러한 실험 결과는 한 번의 칭찬보다 꾸준히 쌓아온 신뢰 관계가 긍정적인 감정을 북돋을 가능성이 크다는 것을 시사한다. 따라서 신뢰 관계가 형성되기 전에 지나치게 칭찬을 계속하면 상대방의 감정이 긍정적인 방향으로 반응하기는커녕 오히려 불신을 초래할 위험이 있다.

물론 신뢰 관계라는 것은 상대방에 대한 긍정적인 감정이 축적된 것이다. 시간이 걸릴 수도 있지만 신뢰 관계를 형성하려면 상대에게 긍정적인 자극을 꾸준히 주는 것이 중요한 것은 말할 필요도 없다.

연애는
스트레스와의 싸움?

이야기가 약간 옆길로 새지만 연애 감정에서의 호감에 대한 재미있는 실험 결과가 있다. [도표 12-1]은 어느 여대생이 짝사랑하는 상대가 눈앞에 나타났을 때의 감정을 나타내는 뇌파 변화를 측정한 것이다.

좋아하는 사람을 눈앞에 두고 먼저 급격히 강하게 나오기 시작한 것은 놀랍게도 스트레스를 나타내는 뇌파였다.

[도표 12-1] 연애는 스트레스를 수반한다.

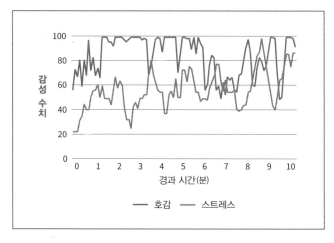

아마 이것은 긴장해서일 것이다. 부정적인 감정이 더 민감하다는 것은 이미 앞에서 언급했듯이 스트레스가 호감보다 앞서 나타나는 것 자체는 충분히 예상할 수 있다.

다만 상대방이 눈앞에 있는 동안 줄곧 스트레스를 나타내는 뇌파가 강하게 나왔다는 점은 주목할 만하다. 이것은 심리적으로 상당한 부담을 느낀다는 증거다. 모처럼 좋아하는 사람과 함께 있는데, 좋아하는 마음이 너무 강한 나머지 발생한 스트레스에 의해 호감이 묻혀버린 것이다. 연애 감정이란 이토록 애틋하고 복잡하다.

그렇다면 좋아하는 상대가 물리적으로 눈앞에서 사라질 때, 호감은 어떻게 변화할까? 다른 날에 그것을 측정한 것이 [도표 12-2]다.

상대방이 방을 나간 직후부터 호감을 나타내는 뇌파가 급격히 강해졌다. 좋아하는 사람이 눈앞에 있다는 긴장감에서 해방되어 기분이 고조된 것이다.

긍정적인 감정은 본래 상당히 둔하므로 이렇게까지 노골적으로 강해지는 경우는 거의 없다. 이 또한 연애 감정

[도표 12-2]　만나지 못하는 동안 연애 감정이 고조된다?

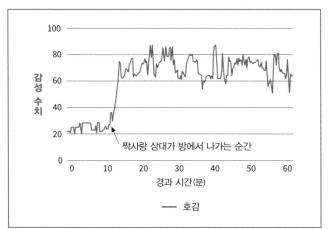

의 특수한 점일 것이다. 함께 있을 때보다 떨어져 있을 때
마음이 깊어진다면, 어떤 노래 가사처럼 '만날 수 없는 시
간이 사랑을 키워준다'는 게 사실일지도 모르겠다.

　물론 같은 연애 감정이라 해도 짝사랑인 경우, 서로 사
귀고 있는 경우, 사귄 지 오래된 경우 등 상대와의 관계성
에 따라, 또 개인의 성격에 따라 뇌파가 나오는 방식이 완
전히 달라지기도 한다. 그 정도로 연애 감정은 흔들리기
쉽고 개인 차이가 커서 종잡을 수 없다.

험담은 상상하는 것보다
사람을 더 아프게 한다

타인이 하는 긍정적인 말과 행동으로 긍정적인 감정을 끌어올리기란 상당히 어렵다는 것은 의심의 여지가 없다. 그렇다면 부정적인 말과 행동의 영향력은 얼마나 될까?

[도표 13]에 그 답이 나와 있다.

이것은 나 자신을 욕하는 사람이 있다는 이야기를 들었을 때의 당사자 뇌파다. 3분간 스트레스를 나타내는 뇌파의 변화를 볼 수 있다. 스트레스 뇌파가 갑자기 강하게 나오고 측정 내내 그 수준이 유지된다. 이렇게까지 타격을 받을 줄은 나 자신도 예상하지 못했다. 또한 부정적인 감정의 강한 지속성은 이미 이야기한 대로이기 때문에 악담이 쏟아졌을 때의 불쾌감은 계속 남을 가능성도 있다.

그런데 내가 들은 내용은 직접적인 험담이 아니라 당신이 누군가에게 욕을 먹고 있다는 정보였다. 애초에 실험을 위해 누군가가 나에 대해 나쁜 말을 하고 있다면 가르쳐 달라고 스스로 부탁한 것이기 때문에 어느 정도 각오

[도표 13]　자신에 대한 험담을 들었을 때의 뇌파

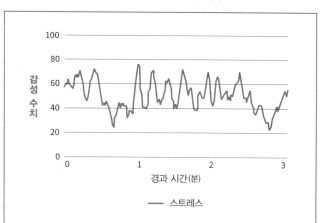

하고 받아들였고, 그 이야기를 전해주는 사람도 어느 정도 순화해서 말했을 것이다. 그런데도 이런 결과가 나왔으니 상식을 벗어난 비방과 중상모략 같은 말들이 사람의 마음에 헤아릴 수 없는 큰 피해를 준다는 것을 알 수 있다.

특히 SNS를 통한 비방과 중상모략은 가해자가 보이지 않는 것에 대한 두려움을 증폭시켜 더욱 심각한 영향을 준다. 이로 인해 마음에 깊은 상처를 입고 계속 괴로워하다가 개중에는 목숨을 끊는 일도 있다.

부정적인 감정에 쉽게 지배되는 우리 뇌의 특성을 고려할 때, 그것은 결코 남의 일이 아니며 누구에게나 일어날 수 있는 일이다.

뇌파에서 시각화된 감정은, 부정적인 말이 사람의 마음을 산산조각 낼 수 있는 흉기임을 여실히 드러낸다. 그러므로 SNS상의 비방과 중상모략에 대한 실효성 있는 대책을 세우는 것이 사회의 급선무라고 생각한다.

'좋아해'라는 감정은
좀처럼 전해지지 않는다

부정적인 자극에는 민감하고 긍정적인 자극에는 둔하게 반응하는 것은 타인의 말과 행동에도 동일하게 적용되었다.

그럼 그런 느낌이 든 사람과 교류한다는 자극은 어떨까? 이는 기분 폭력이라는 상황을 실험적으로 살펴보려는 시도다. 이를 이해하기 위해 먼저 긍정적인 감정을 가진 사람이 주변에 있을 때 감정이 나타나는 뇌파의 변화부터 살펴보겠다.

[도표 14]는 평소 안면이 있는 학생 A와 B가 5분 동안 소소한 대화를 할 때 호감을 나타내는 뇌파의 변화다. 상 대방에 대해 '좋다', '싫다' 등의 단어를 사용하거나 태도 를 보이지 않는 것이 규칙이었는데, 그 결과를 보면 A가 B 에게 호감을 품고 있는 것은 분명하다. 거의 호감이 '줄줄 샌다'고 해도 좋을 만한 상황이므로 어쩌면 '내가 좋아한 다는 것을 알아줬으면 좋겠다'는 마음이 있을지도 모른다.

그런데 B의 호감을 나타내는 뇌파는 전체적으로 약하

[도표 14] 좋아하는 감정은 쉽게 전달되지 않는다.

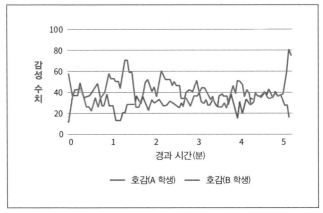

고, A의 호감이 B에게 전달되었다는 흔적이 없다. 5분 후 A의 호감을 나타내는 뇌파는 대화 전보다 더 강하게 나왔지만, B의 뇌파 수준은 거의 변하지 않았다. 이 또한 긍정적인 자극에 둔하게 반응하는 뇌의 특성 때문일 것이다. 다시 말해 아무리 강한 마음이어도, 그 감정을 상대가 알아주기를 바라도 호감이라는 감정은 쉽게 전해지지 않는다는 말이다.

호감을 나타내는 뇌파뿐 아니라 편안함, 만족감을 나타내는 뇌파도 마찬가지로 측정해보았지만 결과는 같았다. 예상대로 긍정적인 감정은 전해지기 어렵다는 것이다.

비호감은 너무나 쉽게 공유된다

그런데 안타깝게도 부정적인 감정의 경우는 달랐다.

[도표 15]는 평소 안면이 있는 학생 C와 D가 함께 15분간 이야기를 했을 때, 5분간 감정을 나타내는 뇌파의 변화다. 물론 여기서도 상대에 대한 좋고 싫음을 알 수 있을 만

한 말과 행동은 하지 않았다. 사실은 실험을 하기 전에 우리는 C가 D에 대해 별로 좋은 인상을 품고 있지 않다는 것을 이미 알고 있었다. 첫 순간부터 비호감을 나타내는 뇌파가 80%로 강하게 나오는 것은 그 때문이다.

한편 D는 C에 대해 별달리 부정적인 감정을 품고 있진 않다는 것을 미리 확인했지만, 실험을 시작하자마자 D의 비호감을 나타내는 뇌파도 높은 수준을 나타냈다. 학생 C가 D에 품고 있는 비호감이 빠르게 전파된 것이 아닐까?

게다가 그 후 D의 비호감을 나타내는 뇌파는 C의 비호

[도표 15] 싫어하는 감정은 쉽게 전달된다.

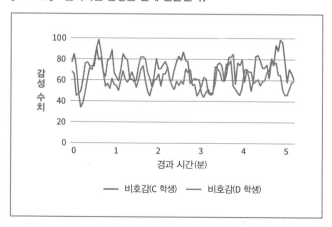

감을 나타내는 뇌파와 거의 비슷한 형태를 보였다. 물론 C 는 D에 대한 자신의 싫은 감정은 말이나 태도로 전혀 드 러내지 않았다. 원래부터 '싫다'는 감정은 숨기고 싶으므 로 D도 그 감정을 C에게 일부러 전하려고 한 것은 아닐 것이다.

그럼에도 불구하고 빠르게, 게다가 정확하게 D의 비호 감도 C에게 전달되었다. 마치 D의 비호감이 그대로 C에 게 감염된 것 같은 현상이 일어난 것이다. 기분 폭력의 메 커니즘을 뚜렷하게 볼 수 있는 실험이다.

스트레스도
쉽게 공유된다

이런 현상이 그 밖의 부정적인 감정에도 일어나는지 조사하기 위하여 스트레스를 나타내는 뇌파를 관찰하는 실험을 해보았다.

[도표 16]은 학생 E와 F가 함께 5분간 이야기를 했을 때, 스트레스를 나타내는 뇌파의 변화 양상이다. 사실은 E

에게는 실험에 대해 직전까지 알려주지 않았다가 E가 돌아가려고 할 때 급히 말을 걸었다. 그 시점에서 E는 불만을 품었을 것이므로 처음부터 스트레스를 나타내는 뇌파가 80%라는 높은 수치를 기록하는 것은 아마 이 때문일 것이다.

한편 F에게는 며칠 전부터 실험에 협조해 달라고 요청했으므로 실험이 시작하기 전까지는 다른 학생과 잡담을 하면서 즐겁게 시간을 보내고 있었다. 그런데 실험을 시작한 시점에 스트레스를 나타내는 뇌파가 이미 높은 수준이

[도표 16] **스트레스도 쉽게 전파된다.**

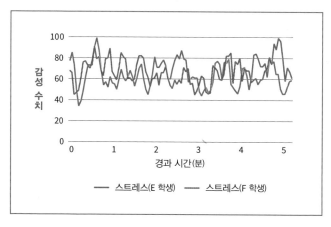

되어 있었다. 이것은 실험을 위해 보기에도 짜증이 나 있는 E를 마주해야 했던 것이 스트레스가 되었다고 생각할 수 있다. 그런데 문제는 그 전이다.

역시 F의 스트레스를 나타내는 뇌파가 E의 스트레스를 나타내는 뇌파와 거의 같은 형태를 그린 것이다. 여기서도 마치 E의 짜증이 난 감정이 그대로 F에게 전염된 것과 같은 현상이 확실하게 일어난 것이다. 이것을 봐도 뇌파에서 이 두 사람 사이에 기분 폭력이 일어났음을 알 수 있었다.

말이 없어도
스트레스는 전파된다

부정적인 감정이 이토록 쉽게 전파되는 것을 보면, 말을 주고받는 등의 직접적인 교류가 꼭 필요한 것은 아님을 알 수 있다.

이를 알아보기 위해 지금까지 전혀 교류하지 않았던 학생 G와 H를 옆자리에 앉혀서 두 사람의 스트레스를 나타내는 뇌파의 변화를 측정했다. 직접적인 대화는 물론 인

사를 하거나 눈을 마주치는 일도 하지 않도록 당부했다. 그 결과를 나타낸 것이 [도표 17]이다.

두 사람 모두 스트레스를 나타내는 뇌파가 강하게 나오는 것은 모르는 사람이 바로 옆에 있기 때문이겠지만 여러분이 주목해야 할 것은 시간이 지나면서 두 사람의 뇌파 패턴이 점차 비슷해진다는 점이다.

뇌파의 변화를 보면 H가 G를 따라간다고 생각할 수 있지만, 부정적인 감정의 전파는 말을 주고받는 등의 행위를 일절 하지 않는 사람 사이에서도 확실히 일어나고 있다.

[도표 17] 말이 없어도 스트레스는 전파된다.

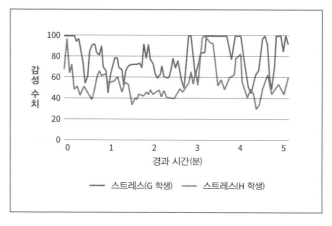

그저 함께 있는 것만으로도 기분이 나빠지는데, 이러한 기분 폭력 상태를 뇌파에서 읽은 것이다.

부정적인 감정에만
동조하는 뇌

그렇다면 긍정적인 감정에서는 일어나기 어려운 감정의 전파가 왜 부정적인 감정에서는 직접적인 행위가 없는데도 불구하고 강하게 일어나는 것일까? 물론 거기에도 부정적인 것에 민감한 뇌의 특성이 관련되어 있다는 것은 의심의 여지가 없다.

설사 말을 주고받는 등의 행위가 없더라도 짜증 나는 사람이 옆에 있는 것은 부정적인 감정을 유발하거나 고조시키기에 충분한 자극이 된다. 그렇다고 해도 신경이 쓰이는 것은, 부정적인 감정을 나타내는 뇌파의 패턴이 동조하고 있다는 점, 즉 마치 상대의 감정이 전이된 듯한 현상이 일어난 것이다.

어떤 자극에 대한 반응은 사람마다 다르기 때문에 부

정적인 감정을 일으키는 자극이 거기 있다는 것만으로는 '감정 동조 현상'을 설명하지 못한다. 그렇다면 감정 동조 현상은 왜 일어날까? 우리가 생각할 수 있는 것은 부정적인 감정이 미치는 더욱 직접적인 영향이다.

뇌파의 신호로
기분이 언짢아진다

1장에서 잠깐 언급했듯이 '감성 분석기'는 전극이 장착된 머리띠를 착용함으로써 사람의 두피 표면에서 나오는 약한 뇌파를 감지한다. 즉, 감성 분석기에서 감정을 볼 수 있는 이유는 눈에는 보이지 않는 뇌파라는 미약한 전기 신호가 뇌에서 발산되고 있기 때문이다.

그렇다면 그 약한 전기 신호를 외부에서 직접 감지하는 능력이 인간에게 갖춰져 있다고 봐도 이상하지 않을 것이다. 더 나아가 감성 분석기는 어쩌다 뇌파라는 형태로 그 신호를 받고 있을 뿐이고, 사실은 온몸에서 신호가 나오고 있을 가능성도 있다. 어쩌면 인간은 감성 분석기보다 더 민감하게 감정을 잡아내는 능력을 타고난 것일지도 모른다. 앞에서도 말했듯이 긴장 상태(스트레스)를 나타내는 뇌파는 휴식 시간의 뇌파에 비해 주파수가 높은 영역에 있다. 스트레스를 증폭시키는 부정적인 감정일수록 빨리 전달되는 현상도 '주파수가 높을수록 속도가 빠르다'는 데 기인할 수 있다.

[도표 18]을 보자. 이것은 어떤 사건에 대해 머리끝까지 화가 난 사람에게 감성 분석기를 착용해 달라고 조심스럽게 요청하여 30분 동안 측정한 감정을 보여주는 뇌파의 변화다. 이 결과를 보면 분노로 인한 스트레스를 나타내는 뇌파가 얼마나 강한지, 게다가 시간이 지날수록 얼마나 쉽게 증폭되는지 잘 알 수 있다. 앞서 소개한 [도표 13, 15, 16, 17]을 다시 보면 거기에도 비슷한 경향이 나타난다.

뇌파가 외부에서 직접 감지된다고 가정하면, 강력하고 증폭되기 쉬우며 전달 속도가 빠른 부정적인 감정만이 언어나 행동의 교류 없이도 쉽게 동조된다는 사실을 모순 없이 설명할 수 있다. 또 외부에서 약한 전기를 가해 뇌 신

[도표 18] 기분이 언짢을 때의 뇌파

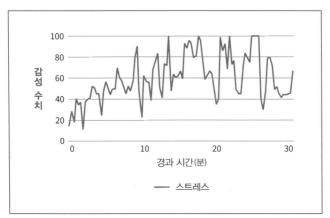

경 회로를 자극하면 뇌의 기능이 바뀌고 감정도 변한다는 사실도 의학적으로 입증되었다.

이러한 요인들을 근거로 하면 부정적인 감정은 한 사람의 뇌에서 나오는 부정적인 감정의 전기 신호가 다른 사람의 뇌에 직접적으로 유입되면서 전파될 가능성이 크다고 생각한다. 요컨대 기분 폭력의 실태는 뇌에서 직접적으로 언짢은 기분이 감염시키는 것이다.

이제 기분 폭력의 정체가 보이기 시작했다. 다음 장에서 자세히 설명하겠다.

3장

기분 폭력의
실태와 대책

'감정의 뇌우라' 때문에
일어나는 기분 폭력

왜 기분 폭력이 생기는 걸까? 그 메커니즘을 과학적으로 살펴보자.

뇌파 연구를 통해, 기분 나쁨은 뇌에서 직접적으로 뇌파를 통해 주변 사람들에게 직접 전달된다는 것을 알게 되었다. 이것이 바로 뇌가 발산하는 '부정적인 텔레파시'다. 불편한 분위기, 그냥 그곳에 있는 것만으로도 느끼는 스트레스는 뇌가 내뿜는 부정적 텔레파시가 원인이다.

이 뇌의 텔레파시는 본인의 의사나 의도와는 상관없이 발산되기 때문에 텔레파시보다는 '아우라aura'라고 부르는 것이 더 적절할 수도 있다.

아우라는 생체가 발산하는 독특한 분위기나 존재감을 말한다. 지금까지는 보이지 않는 영적 에너지라고 표현되는 경우가 많았는데, 최근에는 그 존재를 과학적으로 규명하려는 움직임이 활발해지고 있다.

뇌가 만들어내는 전기 신호는 당연히 대단히 미약하고 보이지 않지만, 이미 말했듯이 그것이 부정적인 감정의 전파, 즉 기분 폭력과 깊이 관련되어 있을 가능성이 크다. 긍정적으로 파악되는 경우가 많은 아우라와는 달리 부정적인 방향으로 영향을 미치는 경우가 많아 안타깝지만 살아 있는 유기체가 만들어내는 아우라와 마찬가지로 뇌에서 발생하는 전기적 신호를 나는 '뇌의 아우라', 줄여서 '뇌우라'라고 부른다.

또 뇌가 전달하는 기분 나쁜 감정의 전기 신호를 다른 전기 신호와 구별하여, 우리는 그것을 기분 나쁜 뇌의 아우라, 줄여서 '기분 나쁜 뇌우라'라고 부르겠다. 이 책에서는 '뇌우라' 또는 '기분 나쁜 뇌우라'라는 단어를 사용하여 자세히 소개할 것이다.

자, 뇌우라가 부정적인 감정을 확신시키면 다른 사람
의 부정적인 감정에 휘둘리거나 반대로 부정적인 감정으
로 타인을 휘둘러버리는 것은 필연이라고 할 수 있다.

직접 무슨 말을 들은 것도 아닌데 주변에 기분이 언짢
은 사람이 있다는 것만으로 나까지 기분이 나빠지고, 다른
사람이 혼나는 모습을 담담하게 보기 힘들고, 자신이 그저
기분이 언짢은 상태인 것이 그곳의 분위기를 나쁘게 만드
는 것은 모두 부정적인 뇌우라의 소행이다. 그리고 지금까
지 반복적으로 말했듯이 부정적인 감정은 굉장히 민감한
데다 한번 그런 감정을 품으면 떨쳐내기 어렵다는 성질이
있다.

그러므로 부정적인 감정이 전파되거나 전파시키는 것
의 효과를 가볍게 봐서는 안 된다. 즉, 우리는 다른 사람의
불쾌감에 상상 이상으로 큰 타격을 입고, 또 반대로 자신
의 불쾌감으로 다른 누군가에게 깊은 상처를 준다.

그런데 사람들은 기분 폭력의 이런 실태를 깨닫지 못
하고 있다. 그것 때문에 사람들은 점점 부정적인 감정에
쉽게 지배당하고 타인의 기분 폭력에 좌지우지되거나 그

반대로 타인을 좌지우지하기도 한다.

이번 장에서는 뇌파로 알 수 있는 기분 폭력의 실태와 대처 방법을 살펴보겠다.

기분 폭력의 피해는 상상 이상으로 크다

다른 사람의 기분 나쁨이 우리 뇌에 얼마나 큰 손상을 입힐까? [도표 19]는 타인의 스트레스가 주변 사람들에게 어느 정도 영향을 미치는지 알아보기 위해 전화로 장황하게 항의하는 사람 옆에 앉은 피실험자의 스트레스를 나타내는 뇌파를 측정한 결과다.

언뜻 보기만 해도 피실험자의 스트레스를 나타내는 뇌파가 꽤 강하다는 것을 알 수 있다. 100%에 도달한 적도 있을 정도다. 다시 한번 말하지만, 항의 자체는 전화 건너편의 상대를 향하고 있고, 피실험자 자신이 항의받고 있는 것은 아니다. 그런데도 피실험자의 스트레스는 엄청나게 높았다. 실제로 혼나고 있는 수화기 너머 상대에게 공감했

[도표 19]   내가 아닌 다른 사람에 대한 항의에도 스트레스가 증가한다.

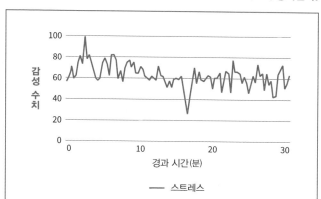

을 가능성도 있지만, 항의하는 사람의 기분 나쁜 뇌우라가
전염된 것은 부인할 수 없는 사실일 것이다.

사실 실험을 시작한 지 15분 후, 피실험자를 다른 방으
로 이동하게 했다. 기분 나쁜 뇌우라에서 물리적으로 거리
를 두면 스트레스를 나타내는 뇌파가 진정될지도 모른다
고 생각했기 때문이다.

하지만 안타깝게도 현실은 그렇게 만만하지 않았다.
스트레스를 나타내는 뇌파가 진정된 것은 원래 있던 방에
서 나가는 순간뿐이었고, 이내 다시 강하게 발생했다. 이

것이 한번 생기면 좀처럼 사라지지 않는 부정적인 감정의 집요함일 것이다. 싫은 사람에게서 벗어날 수 있었다는 자극 정도로는 부정적인 감정에서 해방되지 못한 것이다.

아마 항의 전화를 걸었던 사람은 자신의 '기분 나쁜 뇌우라'가 옆자리에 있는 사람에게 이렇게 심각한 피해를 주었으리라고는 상상하지 못했을 것이다. 기분 폭력의 또 다른 특징은 발신자의 악의나 자각 없이 발생한다는 점이다.

기분 폭력의
불합리한 피해 실태

기분 폭력의 피해자들은 심각한 피해를 보는 반면, 무의식적인 가해자들은 스트레스에서 쉽게 벗어날 수 있는 것처럼 보인다.

[도표 20]은 부탁해 둔 짐이 도착하지 않아서 짜증을 내는 학생 I와 우연히 그 자리에 있던 학생 J의 스트레스를 나타내는 뇌파의 변화를 보여주며, 측정은 10분간 진행되었다. 측정을 시작하자마자 학생 I의 불쾌감이 학생 J에게

옮겨지는 것은 분명했지만, 약 5분이 지나자 학생 I의 스트레스를 나타내는 뇌파는 서서히 가라앉기 시작했다.

사실 실수로 다른 방에 배달되었던 택배가 I에게 도착한 것이 3분 후였다. 즉, 기다리던 택배가 무사히 도착했기 때문에 I의 스트레스가 풀린 것이다. 그런데 I의 불쾌감에 휘말린 J의 스트레스를 나타내는 뇌파는 전혀 가라앉을 기미가 없다. 기분 나쁜 뇌우라를 발산한 사람의 기분이 나아졌음에도 불구하고 기분 폭력 피해자의 감정은 여전히 부정적이었다.

[도표 20]　기분 폭력은 피해자만 손해 본다.

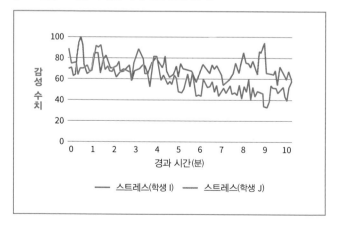

애꿎은 기분 폭력 피해자들이 결과적으로 부정적인 감정에 더 끌려다니다니 불합리하기 짝이 없다고 생각하지만 실제로 이런 현상은 현실에서 일어나고 있다.

왜 기분 폭력의 피해자들이 부정적인 감정을 오래 가져가는지 그 이유에 대해서는 상상할 수밖에 없지만, 피해자들은 이른바 사고를 당한 것과 같은 형태로 스트레스를 받고 있으므로 자신의 스트레스를 깨닫기 어렵고, 그로 인해 스트레스를 해소하기 위한 행동을 하기 어렵다는 측면이 있을 수도 있다.

그렇다면 기분이 나쁜 사람 곁에 있는 것만으로도 스트레스가 증가한다는 사실을 알아두는 것은 자신의 스트레스를 조절하기 위해서도 필요하다고 할 수 있다.

불만을 터뜨리는 것은 기분 폭력의 일종

특별한 악의 없이 발생하는 기분 폭력은 자신도 모르게 누구나 가해자가 될 수 있다. 이런 무의식적인 가해자가 되지 않으려면 답답하거나 짜증이 날 때는 최대한 다른 사람과 거리를 두는 것이 좋다.

또한 불쾌한 일이 있으면 우리는 누군가가 우리의 불평을 들어주기를 바라지만 자신의 기분 나쁜 뇌우라가 우리가 상상했던 것보다 상대방에게 더 큰 스트레스를 줄 수 있음을 항상 염두에 두어야 한다. 그런 의미에서 짜증이 날 때는 그 감정이 가라앉을 때까지 혼자 지낸다는 것은 성인이 지켜야 할 예의일 수도 있겠다.

애초에 기분 나빴던 일을 다른 사람에게 이야기하면 속이 시원해진다는 것도 상당히 의심스럽다는 것을 보여주는 도표도 있다. [도표 18]은 2장에서도 소개한 화가 머리끝까지 난 사람의 감정을 보여주는 뇌파다.

사실 이번 측정에서 피실험자는 자신에게 닥친 불쾌한 일을 세세하게 나에게 들려주었다. 그것은 바로 '분노를 터뜨린다'는 표현이 딱 맞는 상황에서 도표를 받기 직전에 그다지 큰 소리로는 말할 수 없지만, 나는 분명 상당한 기분 나쁜 뇌우라를 받았을 것이다.

어쨌든 이 결과를 통해 기분 나쁜 일을 다른 사람에게

[도표 18] 기분이 언짢을 때의 뇌파

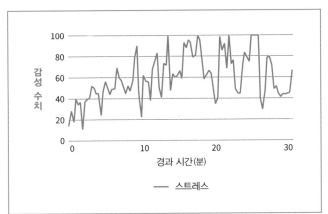

이야기하고 있는데도 불구하고, 스트레스를 나타내는 뇌파가 점점 강해지고 있음을 알 수 있다. 이 사람은 어쩌다가 불만을 털어놓을 때마다 분노가 재연되는 타입이었을 가능성이 있지만, 이것을 보는 한 반드시 불쾌한 일에 대해 다른 사람에게 이야기하면 속이 시원해진다고 단언할 수는 없지 않을까?

그것을 증명하는 도표는 아직 없지만, 불만을 이야기함으로써 스트레스 수준이 떨어진다고 하는 [도표 18]과 반대의 경우도 실제로 있을지도 모른다. 불만을 쌓아두기보다는 큰 소리를 내는 등 발산하는 편이 스트레스 해소에 도움이 된다는 사실이 일반적으로 잘 알려져 있기 때문이다.

다만 마음이 진정되지 않는 동안에는 기분 나쁜 아우라가 발산될 것이므로 옆에서 이야기를 듣는 사람이 심하게 스트레스를 받을 가능성이 크다. 그렇게 생각하면 다른 사람에게 불만을 이야기하는 것은 상당히 자기중심적인 방식이다.

상대방이 내 하소연을 들어주었다면 그 후에 함께 맛있는 것을 먹거나 즐거운 일을 하는 등 최소한의 보상을 통해 조금이라도 상대방의 스트레스를 줄일 수 있도록 노력하자.

언짢음도
광범위한 감염을 일으킨다

기분 나쁜 뇌우라의 영향력은 단지 한 사람에게만 미치는 것이 아니다. 상당히 제한된 공간에 기분 나쁜 사람이 한 명이라도 있다면 그 기분 나쁨은 그 자리에 있는 모두에게 전달된다.

또한 기분 나쁨이 동조하도록 내버려두면 각자 기분 나쁜 뇌우라를 내뿜고 서로 주고받음으로써 결과적으로 모두에게 불쾌감이 증폭된다. 이것이 바로 '기분 나쁜 팬데믹(광범위한 감염)'이라고 부를 수 있는 상황이다.

프로젝트가 생각처럼 진행되지 않고 막다른 골목에 몰렸을 때 등 팀 내부에 무거운 분위기가 흐르는 것을 느낄 수 있는데, 그 불안한 분위기의 정체도 바로 기분 나쁜 뇌우라다. 기분 나쁜 뇌우라는 가정 내 감염도 심각하다.

예를 들어 가족 중 누군가가 회사나 학교에서의 스트레스를 가져와서는 집에서 계속 언짢아하면 함께 지내는 다른 가족 구성원들에게 불필요한 스트레스를 주게 된다. 날카로운 말을 내뱉으며 마구 화를 내거나 기분이 언짢다는 것을 노골적으로 나타내지는 않더라도 기분이 나쁜 상태로 있는 것 자체가 가족 모두의 감정에 영향을 미치기 때문이다.

그런 기분 나쁜 뇌우라가 가득한 곳에 다른 가족이 돌

아오면 그 사람도 바로 나쁜 기분에 감염된다. 집에 왔는데 이래서는 긴장을 풀고 쉴 수가 없다.

가족 구성원 각자가 다른 스트레스를 집으로 가져오면 사태는 더욱 심각해진다. 모두의 기분 나쁜 뇌우라가 서로 교신하는 탓에 각각의 기분 나쁨이 비례적으로 증폭될 위험성이 있다.

또 기분이 나쁘다고 해도 스트레스가 나타나는 방법은 저마다 다르다. 짜증이 나는 사람도 있고, 심하게 불안해하는 사람도 있다. 개중에는 공포에 가까운 감정이 드는 사람도 있기 때문에 단순히 기분 나쁜 상태로 볼 수만은 없다.

기분 폭력으로부터 보호하려면 거리 두기가 필요하다

스트레스의 문제점은 그 기억이 뇌에 쉽게 각인된다는 것이다. 즉, 스트레스를 많이 받는 경험을 반복하면 그 인상이 강하게 기억에 남고, 그때 있었던 장소나 함께 있던 사람에 대해 스트레스를 느끼게 될 위험이 있다. 기분 나쁜 뇌우라의 가정 내 감염이 반복될 경우, 가족 중 누군가의 존재나 가정 자체가 스트레스를 주는 원인으로 작용할 수 있다.

그렇다면 이러한 불쾌한 팬데믹을 일으키지 않기 위해 애초에 기분 폭력의 피해를 입지 않도록 하려면 어떻게 해야 할까?

가장 손쉬운 방법은 기분 나쁜 뇌우라를 발산하는 사람과 물리적으로 거리를 두는 것이다. 기분 나쁜 뇌우라와의 거리가 가까울수록, 뇌우라에 노출되는 시간이 길수록 영향이 커지기 때문이다. 예를 들어 가족 중 누군가가 기분 나쁜 상태로 있는 것을 발견하면 재빨리 다른 방으로 피하거나 상황이 허락하면 밖으로 나가 산책하는 게 좋다.

상사의 기분이 나쁘다고 생각되면 얼른 그 자리를 뜨고 필요 이상으로 다가가지 않는 것이 현명하다. 또한 팀 프로젝트에 문제가 생겨서 일이 진전되지 않을 때는 일단 각자 다른 곳에서 잠시 시간을 보내는 것이 좋다. 어쨌든 기분 폭력에 관해 말하자면, '긁어 부스럼'이라는 속담이 딱 들어맞는다.

물리적인 거리 두기는 자신이 기분 나쁜 뇌우라를 발산하는 주체가 될 것 같을 때도 적용할 수 있는 방법이다. 짜증이 나거나 답답할 때 되도록 혼자 지내면 기분 폭력의 가해자가 되는 것을 예방할 수 있기 때문이다.

그런 점에서 최근 대중화된 재택근무는 사내의 기분 폭력을 예방하는 방법으로서는 상당히 효과적이다. 하지만 그만큼 가족과 함께 집에서 보내는 시간이 늘어나 가정에서의 기분 폭력은 오히려 증가하고 있을지도 모른다. 그 점은 매우 고민스러운 부분이다.

기분 폭력에 대한 대책으로서의 스트레스 조절

기분 나쁜 뇌우라와 물리적 거리를 두고 싶지만 그 자리를 뜨려고 하면 상대방이 점점 더 기분 나빠진다든가, 상황상 그 자리에 계속 있어야 할 수도 있다. 그럴 때 나는 내 주변에 보이지 않는 '돔'이 있다고 상상한다. 그리고 신나는 음악을 들으면서 작업이나 업무를 하도록 노력한다.

그와 동시에 부정적인 감정을 통제하는 대책을 빨리 세우는 것도 중요하다. 부정적인 감정을 대표하는 스트레스를 줄이는 방법에 대해 생각해보자.

1장에서도 언급했듯이 긍정적인 감정으로 부정적인 감정을 덮기는 쉽지 않으며 효과가 있다 하더라도 상당한 시간이 필요하다고 했다. 그래서 긍정적인 감정의 힘으로 부정적인 감정의 수준을 낮추려 하기보다는 부정적인 감정 자체의 수준을 낮추려고 시도하는 것이 더 효율적이다.

다시 말해서, 스트레스를 빨리 푸는 것이 목적이라면 즐거운 기분을 느낄 수 있는 것들을 이것저것 시도하기보다는 부정적인 감정에서 벗어나는 일을 하는 것이 좋다. 예를 들어 마음이 편안해지는 음악을 듣거나 귀여운 동물 등 위안을 받을 수 있는 영상을 보면 어떨까.

좋아하는 향을 맡는 것도 긴장을 풀어주는 효과가 있다. [도표 21]은 사전에 조사한 피실험자가 좋아하는 향을 30초간 맡으면서 스트레스를 나타내는 뇌파가 얼마나 낮아지는지 살펴본 실험 결과다.

불과 30초 사이에 스트레스를 나타내는 뇌파는 8%나 줄어들었다. 이렇게 강력한 효과를 발휘하는 방법을 잘 활용하도록 하자.

예를 들어 아로마 방향제를 사용하여 좋아하는 향을 은은하게 느낄 수 있는 환경을 만들어 놓으면 기분이 나쁜 사람 옆에 있는, 즉 기분 나쁜 뇌우라에 노출되어 있을 때도 스트레스를 상당히 줄일 수 있다. 좋아하는 향수의 향을 맡는 것도 기분 폭력에 대한 방어로 효과적인 방법

[도표 21] 좋아하는 향기를 맡을 때 스트레스의 변화

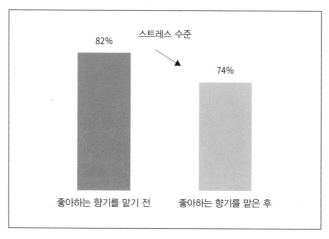

이다.

만약 기분 나쁜 뇌우라를 발산하는 사람도 좋아하는 향이라면 그 사람의 스트레스를 줄이는 효과도 기대할 수 있다. 그러면 기분 폭력을 근본적으로 없애는 일도 가능할지도 모른다. 그런데 여러분이 좋아하는 향이 상대에게는 불쾌한 향일 경우에는 역효과가 나기 때문에 주의할 필요가 있다.

기분 폭력은
모든 사람에게 닥친 위기다

상대방의 기분 나쁜 뇌우라 때문에 이렇게까지 기분이 언짢아지면 이쪽도 당연히 기분 나쁜 뇌우라를 발산하게 되고, 그 결과 서로의 불쾌감이 증폭된다.

남편과 아내 둘 중 한 명이 그저 짜증이 나 있을 뿐이었는데 부부 싸움을 하게 되는 것도 기분 나쁜 뇌우라의 소행이다. 그것이 증폭되는 것은 서로 기분 나쁜 뇌우라를 주고받고 있다는 증거다.

그렇게 기분 나쁜 뇌우라를 서로 발산하면서 가까이 있으면 그 짜증을 계속 끌고 갈 수 있다. 그렇기 때문에 상대나 자신이 '기분이 언짢은 상태'임을 인식했을 때 곧바로 거리를 두는 것이 중요하다.

이는 비단 결혼한 부부에게만 해당하는 것은 아니다. 타인의 기분 나쁜 뇌우라는 분명 스트레스를 생성하는 방아쇠가 된다. 아무리 친한 사이여도 아무리 좋아하는 사람이어도 그 사람의 불쾌감을 알아차린다면 그 감정이 사라질 때까지는 적당한 거리를 두는 것이 좋은 관계를 유지하는 팁이라고 할 수 있다. 도저히 거리를 둘 수 없다면 앞서 말했듯이 자신의 주위에 돔이 있다고 상상하고 좋아하는 음악을 듣거나 좋아하는 향기를 맡거나, 혹은 상대방의 기분 나쁜 뇌우라를 빨아들여 멀리 던지는 것을 상상만 해도 훨씬 마음이 편안해진다.

상대방에 대한 호불호, 상하 관계, 인간으로서의 미성숙함이나 편견 등과 무관하지 않은 갑질이나 성희롱, 도덕적 해이 등과 기분 폭력의 다른 점은 그냥 기분이 언짢다는 것만으로 일어난다는 것이다. 드러내놓고 말과 행동으로 표현하지 않더라도 기분 나쁜 감정은 뇌우라를 통해 많든 적든 반드시 타인에게 전달되기 때문이다.

그리고 인간인 이상 누구나 기분이 언짢을 수 있다. 부정적인 것, 민감하고 그 감정을 질질 끄는 것은 모두 뇌가 가진 특성이기 때문이다. 그렇기 때문에 기분 폭력은 누구나 가해자가 될 수 있고 피해자가 될 수도 있는, 우리 앞에 항상 닥쳐 있는 위기라고 할 수 있다.

기분 폭력을 완전히 제거하기는 어렵지만 그래도 할 수 있는 일이 있다. 그것은 기분 폭력이라는 존재를 이해하고 그것이 존재한다는 것을 전제로 다른 사람과 교류하는 것이다.

스트레스 자체가 0이 되지는 않더라도 가능한 한 낮은 수준에 머물 수 있다면 우리는 더 살기 쉬울 것이다. 따라서 스트레스를 유발하는 요인 중 하나인 기분 폭력으로부터도 가능한 한 자신을 보호하는 것이 중요하다.

싫은 것이 같은 사람이
최상의 파트너다

타인의 기분 나쁨을 민감하게 포착하고 그에 동조하는 뇌를 가진 우리 인간은 타인의 불쾌감까지 떠안게 되는 생물이라고 할 수도 있다.

사람들은 좋아하는 것과 즐거운 것에 공통점이 많은 사람과 어울리기 쉽다고 생각한다. 하지만 오랜 시간을 함께 보내는 사람의 경우는 참기 힘든 것, 싫어하는 것에 공통점이 많은지 따져보는 것도 중요하다.

예를 들어 여러분은 개를 싫어하고 파트너는 고양이를 싫어한다고 가정하자. 싫어하는 개를 볼 때마다 여러분의 스트레스는 증폭된다. 이것은 당연한 일이다. 그런데 사실은 그 순간 여러분 곁에 있는 파트너의 스트레스도 증가하고 있다. 물론 이것은 여러분이 발산하는 기분 나쁜 뇌우라 때문이다. 즉, 파트너는 개를 싫어하는 것도 아닌데, 개가 계기가 되어 기분이 나빠지는 것이다.

이제 고양이가 나타나면 이번에는 그와 반대의 일이 벌어진다. 여러분 자신은 고양이를 싫어하는 것이 아닌데 왠지 기분이 나빠진다. 이 또한 고양이를 본 파트너가 발산하는 기분 나쁜 뇌우라 때문임은 두말할 필요도 없다.

다시 말해 자신과 파트너는 개를 봤을 때도 고양이를 봤을 때도 결과적으로 기분이 나빠지는 것이다. 이런 일이 일어나는 것은 두 사람의 참기 힘든 것이 각기 다르기 때문이다. 두 사람이 힘들어하는 요인이 고양이로 일치한다면, 그들이 기분 나빠지는 것은 고양이를 봤을 때뿐이다.

참기 힘든 것, 싫어하는 것에 공통점이 많을수록 두 사람의 기분을 나쁘게 할 원인이 적어진다. 예를 들면 참기 힘든 것과 싫어하는 것이 다섯 가지가 있는데 그 모든 것이 공통적이라면 기분 나쁜 원인은 다섯 가지다. 그런데 한 가지도 겹치지 않으면 상대방의 몫까지 원인으로 추가되므로 기분 나쁜 원인은 5 + 5 = 10이 된다.

기분이 언짢아지는 요인이 많으면 함께 있는 시간의 대부분을 함께 기분 나쁘게 보내게 된다. 함께 기분이 언짢기 때문에 그 기분이 증폭될 가능성도 크다. 그런 두 사람의 관계가 오래갈 수 있을까? 그러므로 참기 힘든 것이나 싫어하는 것에 공통점이 많은지는 궁합을 생각할 때도 상당히 중요하다.

반면 긍정적인 감정은 공감하기 어렵다는 특성이 있으므로 파트너만 좋아하는 것, 즐거운 것을 자신이 무의식중에 좋아하거나 즐기게 되는 경우는 별로 없다. 즉, 정말로 궁합이 잘 맞는 사람은 부정적인 자극에 대한 뇌파의 파장이 일치하는 사람이라고 해도 되지 않을까?

'좋아하는 사람과 함께 지내면 슬픔은 반이 되고 기쁨은 두 배가 된다'는 말도 있지만, 슬픔을 스트레스로 대체하면 부정적인 것에 대한 뇌파의 파장이 맞지 않는 사람과 함께 있을 때는 절반이 아니라 두 배가 된다. 반면 기쁨에 관해서는 누구와 함께 있든 별로 다르지 않다.

이게 무슨 말인가 생각할 수도 있겠지만 이것이 우리 감정의 현실이다.

분노는 최강의 동기부여가 되기도 한다?

그런데 기분 폭력의 원인이 되는, 전혀 반갑지 않은 부정적인 감정을 뭔가 긍정적인 일에 이용할 수는 없을까? 그 힌트가 될 것 같은 게 [도표 22]다.

　이 실험의 목적은 뇌파를 이용해 분노와 집중력과의 관계를 알아보는 것이었다. 피실험자에게는 '실수를 할수록 보상이 적어진다'라는 역(逆) 인센티브를 제시하고 1장의 [도표 5]를 측정했을 때와 같은 작업(일반적인 사무실 환경에서 컴퓨터로 수치를 입력하는 것)을 하도록 했다. 그뿐 아니라 근처에 있는 사람들이 일부러 잡담을 하게 해서 작업을 방해하는 환경을 조성했다.

[도표 22]　분노가 집중력을 유지시킨다.

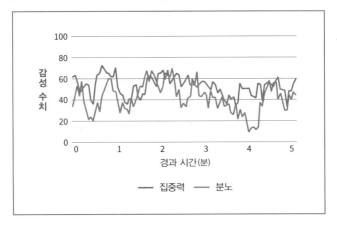

작업 시간은 총 15분으로, 작업 시작 5분부터 10분까지, 총 5분간의 감정을 나타내는 뇌파를 측정했다.

'실험에 협조하고 있는데 실수를 하면 보상을 줄이겠다'는 통보에 대한 분노가 더 컸는지, 방해받는 것에 대한 분노가 더 컸는지는 모르겠다. 하지만 예상대로 분노를 나타내는 뇌파가 상당히 강하게 나왔다. 더 놀라운 점은 집중력을 나타내는 뇌파 또한 상당히 강하다는 것이다. '실수가 적을수록 보상이 커진다'는 긍정적인 인센티브를 주고 측정한 도표와 비교해보면 그 차이는 분명할 것이다.

왜 이런 일이 일어나는지 그 메커니즘은 확실하지 않지만, 분노가 집중력을 유지시키는 현상이 실제로 일어난 것이다. 물론 분노가 너무 크면 집중력이 떨어질 가능성이 더 클 것이다. 하지만 예를 들어 경쟁자가 있다거나 실수를 옆에서 지적받는 약간 짜증나는 상황이 집중력을 높이는 효과가 있다는 것이다.

즉, 기분 나쁜 뇌우라를 효과적으로 활용하여 집중력으로 전환하는 것이 가능하다는 것이다. 이에 대해서는 더 깊이 연구하고 싶다.

4장

뇌파가 비추는
'마음의 병'에 대한 진실

마음의 병도
뇌파로 알 수 있다

많은 여성은 매월 생리가 다가올 때마다 정서적 불안정, 짜증, 우울, 불쾌, 졸음, 집중력 저하와 같은 마음의 병에 시달린다.

이런 증상을 일으키는 월경전증후군premenstrual syndrome/PMS은 황체기(배란에서 월경까지의 기간) 후반에 난포호르몬(에스트로젠)과 황체호르몬(프로게스테론) 분비량이 급격히 변동해 뇌의 호르몬과 신경 전달 물질에 이상이 생겨서 발생한다고 한다. 즉, 매달 반복되는 호르몬 변화 때문에 여성들은 아무래도 감정이 불안정해지기 쉽다.

PMS에는 그 밖에도 열감, 식욕 부진, 과식, 현기증, 나른함 등의 자율 신경과 관련된 증상과 복통, 두통, 요통, 붓기, 복부 팽만감과 가슴이 붓고 팽팽해지는 신체적 증상도 나타난다. 이 중 감정적 측면의 증상은 특히 다른 사람들이 이해하기 힘들어서 그로 인해 한층 고통을 겪게 되는 면이 있다.

마음의 병은 PMS가 없는 남성에게도 일어나지만, 우울증 등의 진단이 붙을 정도로 심한 수준은 별개로 하고, 짜증, 불안함, 집중력 저하 등의 컨디션 저하가 눈에 보이는 형태로 나타나는 일은 거의 없다. 또 왠지 모르게 힘들다거나 평소와 다르다고 해도 '구체적으로 얼마나 힘든지', '평소와 얼마나 다른지'를 명확하게 표현하기 어렵다. 그 때문에 자신의 힘든 상태를 주변 사람들과 공유하기 어려울 뿐 아니라 애초에 본인조차 마음의 상태가 좋지 않은 것을 정확하게 파악하지 못할 수도 있다.

과거에 비해 기업의 이른바 '헬스 리터러시Health literacy (건강 정보 문해력)'도 높아지고 있고, 마음의 불안정한 상태에 대한 배려를 요구하기 쉬운 환경이 조금씩 갖추어지고 있다. 하지만 우리 자신과 타인이 모두 효과적인 대책을 마련하려면, 막연하게 표현되는 마음의 병을 평소와 얼마나 다른지, 건강한 사람과 얼마나 다른지 등의 형태로 정량화할 필요가 있다. 그런 '마음의 병 정량화'에도 뇌파에 의한 감정의 시각화가 큰 도움이 된다.

그래서 이번 장에서는 뇌파에서 보이는 다양한 마음의 병의 실태를 소개하고 이에 대한 대책도 생각해보겠다.

PMS 스트레스는
평소의 7배

우선 PMS의 실태부터 살펴보자.

[도표 23]은 20대 여성 20명에게 PMS 증상이 나타나는 시기(월경 전)와 증상이 없는 시기(월경 후)에 100개의 수치를 계산하거나 컴퓨터에 숫자를 입력하는 등 단순 작업을 1시간 동안 했을 때의 스트레스 정도를 나타내는 뇌

파를 측정해 1시간 평균을 각각 그래프로 만든 것이다.

PMS 증상이 나타나는 시기의 스트레스를 나타내는 뇌파는 70% 초반으로 월등히 강해졌으며, 같은 작업을 하고 있는데도 증상이 없는 시기에는 약 15%로 무려 5배의 차이를 보였다.

단순하게 계산하면 증상이 없는 시기에 5시간 동안 비슷한 작업을 한 것과 같은 수준의 스트레스를 단 한 시간만에 경험한다는 말이다. PMS 증상이 나타날 때는 평소의

[도표 23] PMS 시기와 그렇지 않은 때의 뇌파(스트레스) 차이

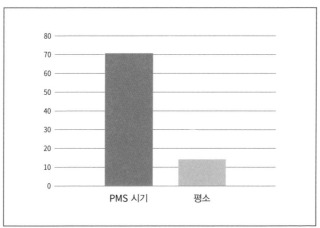

5배 가까이 심리적으로 피로해진다고 생각할 수 있다.

다음으로 집중력을 살펴보자.

[도표 24]는 [도표 23]과 함께 측정한 집중력을 나타내는 뇌파의 결과다. PMS 증상이 없는 시기에는 1시간 동안 집중력을 나타내는 뇌파의 평균 강도가 60%라는 높은 수치를 보이는 반면, PMS 증상이 있는 시기에는 그 절반인 30%밖에 되지 않았다. 이것은 집중력이 절반 정도로 저하된다는 것을 보여준다.

[도표 24] PMS 시기일 때와 그렇지 않은 때의 뇌파(집중력) 차이

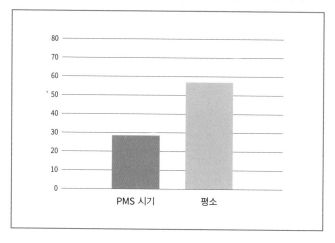

실제로 PMS 증상이 나타나는 시기의 여성은 대체로 작업 진행 상태가 좋지 않았고, 결과를 살펴봐도 증상 없는 시기에는 100개 계산 오답률이 평균 8%, 입력 실수율이 평균 7%였던 반면, 증상이 있는 시기에는 오답률 12%, 입력 실수율도 14%로 집중력의 차이가 실수 차이로 이어지는 모습이 여실히 드러났다.

또한 같은 작업에 더 많은 시간이 소요되었다. 물론 PMS의 증상이 나타나는 방식에 따라 결과는 달라지겠지만, PMS가 마음에 미치는 영향이 이토록 강력하다는 것을 뇌파는 말해준다. 이런 상황에서 '평소와 같이'를 고수하면 결코 잘되지 않을 것이다. 경우에 따라서는 마음에 더 큰 손상을 줄 수도 있다.

그런 혼란에 빠지지 않기 위해서라도 PMS 증상이 나타날 때는 같은 일을 하고 있어도 평소의 5배 정도의 스트레스를 받고 같은 일을 하는 데 평소보다 2배 정도 시간이 필요하다는 뇌파가 비춰낸 현실을 수용하도록 하자.

이를 통해 평소보다 짜증이 나거나 일이 생각처럼 진행되지 않는 것을 어쩔 수 없는 일이라고 받아들이면 마음이 훨씬 편해질 것이다. 또한 이런 현실을 고려하여 업무나 사생활에 대한 계획을 세운다면 불필요한 문제를 피할 수도 있다.

PMS 상태의 여성은 남성보다 2배의 스트레스를 받는다

'양성평등'이라는 개념이 확산되면서 남성도 월경에 대해 알아야 한다는 분위기가 강해지고 있다. 그래서 여성 특유의 증상인 PMS의 괴로움에 대해서도 이해하려는 남성이 확실히 늘어났다. 하지만 경험하지 못하는 것을 상상한다고 해서 진정한 의미로 그것을 이해했다고는 할 수 없다.

그래서 건강한 남성과의 뇌파를 비교해서 PMS 증상이 있는 여성의 마음의 병을 살펴보겠다.

일단 스트레스부터 살펴보자.

[도표 25]는, [도표 23]이나 [도표 24]와 같은 단순 작

업을 똑같이 1시간 동안 건강한 남성 13명에게 받았을 때
의 스트레스를 나타내는 뇌파의 평균 측정 결과를 [도표
23]에 추가한 것이다. 덧붙여 여기서 남성 피실험자는 [도
표 23]과 [도표 24]의 여성 피실험자와 같은 나이며 학력
이나 경력도 거의 비슷한 사람을 선택했다.

　건강한 남성의 스트레스 정도를 나타내는 뇌파는 30%
이상으로, 이는 PMS 증상이 없는 시기 여성의 약 15%에
비하면 2배 이상 높다. 즉, 평소라면 여성은 남성의 절반

[도표 25]　남성과 PMS 시기인 여성과의 뇌파(스트레스) 차이

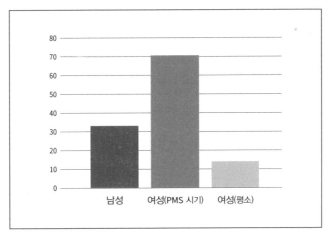

이하의 스트레스밖에 느끼지 않는다. 여성은 본래 단순 작업을 그다지 힘들어하지 않는다는 의미일 수도 있다.

그런데 PMS 증상이 나타나는 시기와 비교하면 상황이 완전히 뒤바뀐다. 즉, 같은 작업을 했을 때 느끼는 심리적 압박감은 남성의 2배 이상이 된다는 것이다.

그렇다면 집중력은 어떨까?

[도표 26]은 집중력을 나타내는 뇌파를 비교한 것이다. 이것을 보면 남성의 집중력을 나타내는 뇌파는 PMS 증상

[도표 26] 남성과 PMS 시기인 여성과의 뇌파(집중력) 차이

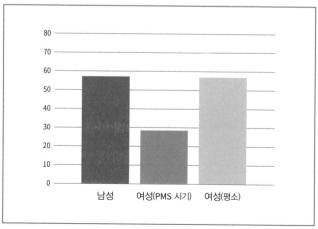

이 없는 시기 여성의 집중력을 나타내는 뇌파와 거의 같은 강도며 PMS 증상이 나타나는 시기 여성과 비교하면 2배의 차이를 보인다. 즉, PMS 증상이 나타나는 시기의 여성은 남성의 절반밖에 집중력을 발휘하지 못한다.

PMS 증상이 나타나는 시기의 여성이 남성과 같은 작업을 하려면 실수가 잦고, 남성보다 2배나 시간이 걸렸다 하더라도 뇌파가 비추는 마음의 병을 생각하면 자연스러운 일이다.

마음의 병을
시각화해야 한다

만약 당신이 남성이고 여성과 함께 일할 기회가 있다면, 평소에는 열심히 일하는 여성이라도 평소와는 분명히 컨디션이 다른 시기, 즉 남성보다 2배 이상 정신적으로 피곤해서 남성의 절반 정도의 집중력밖에 발휘하지 못하는 시기가 있다는 것을 꼭 기억하자. 물론 월경 문제는 매우 개인적이고 민감하므로 일부 여성들은 남성으로부터 드

러내놓고 배려받는 것에 불쾌감을 느낄 수도 있지만, 실제로 PMS 증상이 있는 여성이 느끼는 괴로움의 실태를 뇌파가 보여주는 객관적인 수치로 이해하는 것은 매우 의미 있다고 생각한다.

또 갱년기 여성에게도 PMS와 비슷한 증상이 나타난다는 것은 잘 알려져 있다. 그때의 스트레스 정도와 집중력의 변화를 확인해보니 역시 PMS 증상을 보이는 여성들과 같은 결과가 나왔다. 증상이 강하게 나타날 때는 스트레스를 나타내는 뇌파의 강도가 평소의 7배 가까이 되고 집중력을 나타내는 뇌파는 평소의 70% 정도만 생성된다.

이 결과는 갱년기 여성도 PMS 증상을 보이는 여성과 같은 정도의 마음의 병을 겪고 있음을 보여준다. 그런데 갱년기는 완경 전 5년과 완경 후 5년이라는 10년 동안 위험에 노출된다. 물론 시기에 따라 증상이 심할 때와 가벼울 때가 있겠지만 어떤 시기에 심해지고 가벼워지는지 미리 알기 어렵다는 측면이 있다.

그런 의미에서 매달 반복된다고는 하지만 언제 상태가 나빠질지 쉽게 예측할 수 있고, 월경이 시작되면 증상이 줄어드는 PMS보다는 갱년기 장애가 더 대처하기 어렵다고 할 수 있다.

감정이 불안해지면
혼자 지내는 게 좋다

뇌파는 여성이 PMS나 갱년기 증상이 있을 때 얼마나 힘든지, 그때의 마음의 병이 성과에 어떤 영향을 미치는지 명확하게 보여준다. 그리고 마음의 병을 나타내는 뇌파가 강하게 나온다는 것은 다른 관점에서 볼 때 그만큼 강한 기분 나쁜 뇌우라를 발산한다는 뜻이기도 하다. 즉, 증상이 심할 때는 기분 폭력의 가해자가 되기 쉽다.

자신을 돌보는 것만으로도 힘겨운 것은 이해하지만, 자신의 뇌가 발산하는 기분 나쁜 뇌우라가 주변 사람들에게 부정적인 영향을 줄 가능성에는 더욱 잘 인지해야 하지 않을까. PMS 증상이 나타나는 여성과 그 여성 근처에 있는 파트너의 감정을 나타내는 뇌파를 측정하면 틀림없이 뇌파가 동조하고 있을 것이다.

정서가 불안정해지면 '나만 힘들다'거나 '내가 얼마나 힘든지 아무도 알아주지 않는다'는 식의 피해망상 같은 느낌이 들 수도 있지만, 실제로는 마음 상태가 좋지 않은 당신의 주변에 있는 사람들의 마음에도 결코 적지 않은 영향을 미친다.

뇌우라의 관점에서 보면, 자신과 주변 사람들 모두를 위해, 마음 상태가 좋지 않을 때는 되도록 혼자서 좋아하는 일을 하며 시간을 보내는 것이 좋다.

낮은 자기 긍정감은 마음의 고통을 동반한다

자신에 대한 자신감, 즉 자기 긍정감은 낮은 것보다 높은 편이 좋다는 것은 정설인 것 같은데, 실제로 자기 긍정감이 낮으면 '마음 상태가 좋지 않음'으로 이어질까?

그것을 조사한 결과가 [도표 27]이다.

이것은 자기 긍정감이 높은 사람과 자기 긍정감이 낮은 사람이 자기소개를 할 때의 스트레스를 나타내는 뇌파

[도표 27] 자기 긍정감의 정도와 뇌파(스트레스)의 관련성

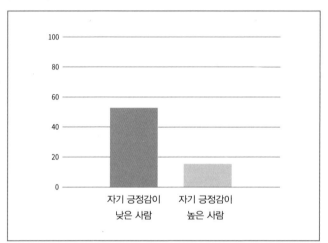

의 강도를 비교한 것이다. 자기소개 시간은 3분이며, '자기 긍정감이 높은가 낮은가'는 사전 설문 조사를 통해 조사했다.

놀라운 것은 자기 긍정감이 낮은 사람의 스트레스를 나타내는 뇌파가 50% 이상으로 상당히 강하다는 것이다. 자신이 없는 탓에 '실패하면 어떻게 하지?'라든가 '다들 웃으면 어떻게 하지?'라는 불안감이 크기 때문일 것이다. 또는 사람들 앞에서 이야기하는 것 자체가 애초에 스트레

스일지도 모른다. 어쨌든 자신감이 없는 사람이 자기소개를 하는 것은 우리가 상상하는 것보다 더 많은 마음의 고통을 수반한다.

자기소개뿐만 아니라 모든 상황에서 똑같은 일이 일어나고 있다면, 자기 긍정감이 낮은 사람은 항상 높은 스트레스, 즉 마음의 병과 싸우고 있는 것이다. 또한 자신과 마찬가지로 자기 긍정감이 낮은 사람과 함께 있으면 서로가 기분 폭력의 가해자가 되어 함께 스트레스를 증폭시킬 위험도 있다.

반면에 자기 긍정감이 높은 사람에게서 나오는 스트레스 정도를 나타내는 뇌파는 20% 이하로 자기 긍정감이 낮은 사람의 절반도 되지 않는다.

사실 실험 전에는 양쪽에서 나오는 스트레스를 나타내는 뇌파가 크게 다르지 않을 것이라고 예상했다. 자기 긍정감이 높은 사람은 주변의 관심을 쉽게 받거나 자신을 드러내고 싶은 욕구가 높은 경향이 있는데 그로 인해 남몰래 부담을 느끼지 않을까 생각했기 때문이다.

그런데 실제로 자기 긍정감이 높은 사람의 스트레스를

나타내는 뇌파는 대단히 낮은 수준이었다. 역시 자신감의 힘은 예상 이상으로 더 효과적이고 자신감이 있는 사람일수록 스트레스에 대한 내성이 크다는 의미일 것이다. 이것은 기분 폭력을 당하기 쉬운 정도에도 큰 영향을 미치는 것으로 보인다.

신입생들이 받는 스트레스는 놀라울 만큼 크다

신학기가 되면 많은 학생들은 마음의 병을 호소한다. 이는 과거와 전혀 다른 환경에 놓이는 사람이 늘어나기 때문이다.

그럼 낯선 환경에 있는 것은 여러분의 마음에 얼마나 많은 부담을 줄까? [도표 28]을 보면 알 수 있다.

이것은 나의 연구실을 방문한 첫날 신입생의 스트레스 정도를 나타내는 뇌파와 이미 2년 동안 학교에 다니는 재학생(선배)의 스트레스 정도를 나타내는 뇌파를 측정한 것이다.

[도표 28] 신입생과 재학생(선배)의 뇌파(스트레스)

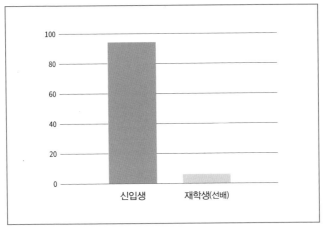

상당히 긴장했는지 신입생의 스트레스를 나타내는 뇌
파는 100%에 육박했다. 재학생들이 10%도 안 되는 것과
는 대조적이다. 물론 낯선 곳에서도 긴장을 덜 느끼는 사
람도 있겠지만, 사람에 따라서는 굉장히 긴장할 수 있다는
것은 사람을 뽑는 쪽도 알아두면 좋은 사실이다. 매년 신
입생들을 맞이하는 나 또한 이 점을 명심하고 있다.

그런데 일주일 뒤, 같은 두 사람의 뇌파를 다시 측정해
보니 의외의 결과가 나왔다([도표] 29). 놀랍게도 신입생의

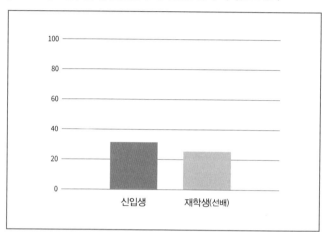

[도표 29] 일주일 뒤 신입생과 재학생(선배)의 뇌파(스트레스)

스트레스를 나타내는 뇌파가 3분의 1 이하로 약해졌다. 단 일주일 만에 이만큼 변화했으니 이 학생의 환경 적응력은 상당하다고 볼 수 있다.

흥미로운 점은 재학생의 스트레스를 나타내는 뇌파가 일주일 전과 비교하면 4배 이상 높아졌다는 것이다. 강한 스트레스를 느낀다고 할 정도는 아니지만, 분명히 스트레스를 나타내는 뇌파가 강해졌다. 아마 신입생을 돌보는 것에 다소 부담을 느끼고 있기 때문이 아닐까.

신입생도 재학생도 모두 스트레스가 가중되면 기분 폭력이 발생할 가능성이 크다. 신학기에 마음의 병을 호소하는 사람이 속출하는 것은 당연한 결과일지도 모른다.

몸의 통증은
스트레스로 파악할 수 있다

제삼자가 파악하기 어려운 것은 마음뿐만 아니라 몸의 통증도 마찬가지다. 예를 들어 혈압은 혈압계를 이용해 객관적인 수치로 높고 낮음을 판별할 수 있다. 하지만 통증은 따로 '통증계'라는 장비가 없으니 당사자가 인식하여 알리는 데 의존할 수밖에 없다.

그래서 예를 들면 '통증의 최대치를 10이라고 한다면 지금 통증은 어느 정도인가'와 같은 지표를 사용한다. 하지만 이런 식으로 질문을 해도 대답하기 막막한 경우는 많지 않을까?

예를 들어, '어제의 통증과 비교해서 오늘의 통증은 어느 정도인가'라고 물어도 어제의 통증 수준에 대한 기억이 잘 안 날 때도 있다.

　하지만 뇌파를 보면 객관적인 수치로 그 사람이 얼마나 통증을 느끼는지 알 수 있다. 통증이 강할수록 강한 스트레스가 생기기 때문에 스트레스를 나타내는 뇌파를 측정하면 그 통증이 지금 얼마나 고통스러운지를 알 수 있다. 물론 전날 도표와 비교하면 통증이 진정되었는지, 증가했는지도 판단할 수 있다. 또한 진통제의 효과를 확인하는 데도 유용하다.

　스트레스는 스트레스일 뿐 통증 자체가 수치화되어 있는 것은 아니지만, 사람의 통증에 따라 대처하는 방법을 고민할 때는 뇌파를 이용하여 스트레스 정도를 측정하는 것이 큰 도움이 된다.

　또한 뇌파에 의해 수치화된 스트레스 수준은 주위를 배려하거나 억지로 버티면서 통증을 참는 사람의 '진짜 고통'을 이해하는 데 매우 유용하다.

어깨 결림으로도
스트레스가 3배 증가한다?

사람들이 일상적으로 느끼는 통증이라고 하면 어깨 결림이나 요통을 들 수 있는데, 그 통증을 인지했을 때 얼마나 많은 심리적 부담을 느끼게 될까?

[도표 30]은 어깨 결림이 있는 사람과 어깨 결림이 없는 사람에게 같은 일을 3시간 동안 하게 하고, 그 전후로 스트레스를 나타내는 뇌파가 어떻게 변화했는지를 비교

[도표 30] 어깨 결림으로 인한 뇌파(스트레스)

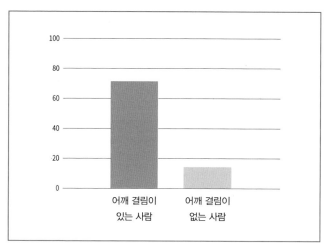

한 것이다.

어깨 결림이 있는 사람은 스트레스를 나타내는 뇌파가 70%로 상당히 강하게 나타났다. 어깨 결림이 없는 사람의 수치가 약 20%이므로 그 사람의 3배 이상 높다는 이야기다. 즉, 어깨 결림이 있는 사람은 1시간 일을 하는 것만으로 어깨 결림이 없는 사람이 3시간 이상 일할 때 느끼는 것과 같은 수준의 스트레스를 받는다.

기분 폭력의 요인이 무의식중에 발생할 수도 있다.

[도표 31]은 마찬가지로 집중력에 대해 알아본 결과다.

어깨 결림이 없는 사람은 3시간이 지나도 집중력을 나타내는 뇌파 수치가 80%라는 꽤 강한 수치를 기록했는데, 어깨 결림이 있는 사람은 약 20%로 약한 편이었다. 뇌파를 보면 어깨 결림이 없는 사람의 4분의 1밖에 집중하지 못하므로 일의 진척도와 정확도에서 당당히 차이가 날 것이다.

앞에서도 언급했듯이 어깨 결림이 부정적인 감정과 불쾌감을 낳고, 또한 기분 폭력을 유발할 수 있다는 것이 분

[도표 31] 어깨 결림으로 인한 뇌파(집중력)

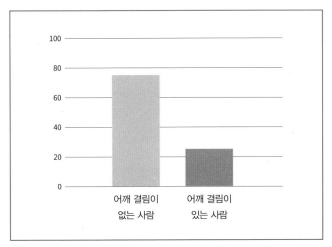

명해졌다. 얼마나 많은 사람이 어깨 결림을 참아가면서 일하는 것이 이 정도의 마음의 병을 일으킨다는 것을 알고 있을까?

　고작 어깨 결림이라고 과소평가하고 내버려두면 마음의 병이 점점 뚜렷해지면서 더 심각한 증상이 나타날 수도 있으니 결코 간과해서는 안 된다.

　뇌파는 또한 마음의 병이 업무 성과에 크게 영향을 미친다는 것을 보여준다. 어깨 결림뿐만 아니라 어떤 통증을 인지하게 된다면 일을 중단하고 우선 통증을 제거하는 편이 결과적으로 일의 효율을 올릴 수 있다.

향기는 뇌에
직접적으로 작용한다

뇌는 우리가 대항할 수 없는 호르몬의 영향이나 타인의 부정적인 감정에까지 동조할 정도로 부정적인 요소에 민감하다. 그러한 뇌의 특성 때문에 우리가 짜증, 불안, 집중력 저하와 같은 마음의 병을 일으키기 쉬운 것은 확실하다. 그러므로 기분 폭력 대처 방법과 마찬가지로 효과적인 스트레스 조절 방법을 알아두는 것이 중요하다.

'몸을 움직인다', '맛있는 음식을 먹는다', '온천을 즐긴다' 등 흔히 말하는 스트레스 해소법도 사람에 따라서는 큰 효과가 있다.

또, 자신이 좋다고 생각하는 것이 있다면 다양한 시도를 해보고 그 효과를 느낄 수 있는 것이 있으면, 마음 상태가 좋지 않을 때의 '투 두 리스트To Do List'를 만들어두자.

그런데 뇌파 전문가인 나와 화장품 개발 회사의 공동 연구로 얻은 객관적이고 명확한 데이터를 바탕으로 확신하는 것이 있다. 바로 향기다. 향기는 직접적으로 뇌에 작용해서 호르몬을 변화시키는 효과가 있다.

지금부터 공동 연구를 통해 밝혀진 '감정을 바꾸는 향기'에 대해 알아보겠다.

마음의 병을 덜어주는 천도복숭아 향

감정을 변화시키는 향기를 알아내기 위해 우리는 피실험자에게 다양한 향을 30초간 맡게 하고 향기를 맡기 전과 맡은 지 3분 후의 감정을 비교하는 실험을 했다.

스트레스를 나타내는 뇌파에 큰 변화가 나타난 것이 [도표 32]다. 이 결과를 만들어낸 것은 천도복숭아 향이었다. 천도복숭아 향을 맡기 전 55%였던 스트레스 뇌파는 3분 만에 50%로 줄어들었다. 이것은 천도복숭아의 향기가 호르몬에 어떤 영향을 미친다는 가장 좋은 증거다.

[도표 32] 천도복숭아 향에 의한 뇌파 변화(스트레스)

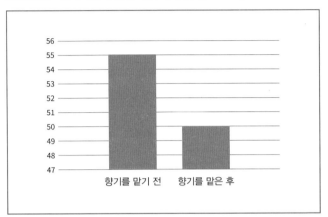

3장에서 소개한 좋아하는 향을 맡았을 때의 8% 감소
에 비하면 다소 불만족스러울 수 있지만 천도복숭아의 경
우는 피실험자 14명 중 11명, 즉 약 80%에 해당하는 사람
에게 효과가 있었다. 자신이 좋아하는 향기는 모두에게 효
과가 있는 것은 아니므로 천도복숭아 향의 범용성은 매우
의미가 있다.

마찬가지로 스트레스를 5% 줄이는 방법에는 15분 산
책하기, 20분 정도 족욕하기, 스릴 넘치는 어트랙션을 좋
아하는 사람이라면 롤러코스터 타기, 노래 부르기를 좋아

하는 사람이 노래방에서 마음껏 부르기 등을 들 수 있다. 하지만 단 30초 만에 같은 효과를 얻을 수 있다면 천도복숭아의 향기는 마음의 병에 시달리는 사람들의 든든한 아군이 될 것이다.

더 놀라운 것은 효과의 지속성이다. 사람들은 스트레스에 민감하기 때문에 족욕이나 롤러코스터, 노래방 등을 통해 일시적으로 스트레스를 해소해도 사소한 계기로 또 스트레스를 받곤 한다. 그런데 천도복숭아 향을 맡은 피실험자의 스트레스를 나타내는 뇌파는 효과가 적은 사람도 2시간, 긴 사람은 무려 4시간 동안 스트레스 수준이 약하게 유지되었다.

물론 스트레스를 유발하는 요인이 증가하면 효과는 반감되겠지만 천도복숭아 향기를 맡으며 평화로운 시간을 보낼 수 있다면 마음의 병을 상당히 줄일 수 있다.

이것은 기분 폭력에도 효과적이라고 할 수 있다. 피해를 입어도 피해를 줄이거나 혹은 자신이 가해자가 되는 것을 방지하는 데 도움이 될 것이다.

오렌지 향으로
업무 효율을 50% 높인다

사실 이 공동 연구는 특정 향이 긍정적인 감정을 높이고 오래 지속시키는 효과가 있다는 것도 알아냈다. 먼저 [도표 33]을 보자.

이것은 오렌지 향을 맡기 전과 후의 집중력을 나타내는 뇌파의 변화다. 향을 맡기 전에는 35%였지만 향을 맡자 40%로 5%나 올랐다.

집중력을 나타내는 뇌파가 5% 올랐다고 하면 감이 오

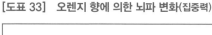

[도표 33] 오렌지 향에 의한 뇌파 변화(집중력)

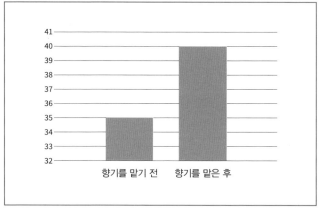

지 않을 수 있다. 쉽게 말해 1시간 걸리는 작업을 40분 만에 끝낼 수 있을 정도의 효과다. 향만 맡는데 이만큼 효과를 낼 수 있다는 게 대단하지 않은가?

게다가 스트레스를 억제한 천도복숭아 향과 마찬가지로 오렌지 향의 효과도 짧으면 2시간, 길면 4시간 동안 지속되었다. 긍정적인 감정 중에서도 유독 지속시키기 어려운 집중력을 이만큼 지속시키다니 놀라운 일이다.

유자 향의
놀라운 힘

호감도를 나타내는 뇌파를 가장 크게 바꾼 것은 유자 향이었다. 그 결과가 [도표 34]다.

이 도표가 보여주는 대로 단 3분 만에 호감도를 나타내는 뇌파의 강도가 50%에서 55%로 증가했다.

호감도는 그 자극에 대한 호감과 편안함을 나타내는 지표이므로 이 경우 유자 향에 대한 호감의 수준이 올라갔다는 것을 보여준다.

[도표 34] 유자 향에 의한 뇌파 변화(호감도)

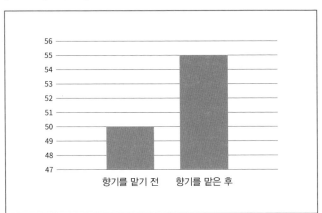

유자 향을 더 좋아하는 게 무슨 의미가 있냐고 생각할
수도 있다. 호감의 수준이 올라가는 것 자체에는 그다지
큰 의미가 없다. 하지만 호감을 나타내는 뇌파가 강하게
나온 이유는 옥시토신과 같은 호르몬 분비량이 증가했기
때문이다.

옥시토신은 애정 호르몬 혹은 행복 호르몬이라고 불리
며 이 호르몬이 증가하면 행복한 기분이 되거나 스트레스
가 완화되어 정서적으로 안정된다고 알려졌다. 또한 기억
력을 높이고 피부를 아름답게 한다고 입증되었다.

즉, 호감도를 나타내는 뇌파가 강하게 나오는 현상 이면에는 바람직한 호르몬의 양이 증가해서 여러 가지 좋은 일이 일어나는 것이다.

결과적으로 유자 향에는 단순히 호감을 높이는 것을 넘어 엄청난 힘을 지니고 있다고 해도 과언이 아니다. 또한 호감을 나타내는 뇌파는, 미세 거품 목욕을 하거나 천천히 수영하거나 좋아하는 반려동물과 함께 있거나, 푹신하고 부드러운 것을 만질 때도 강하게 나온다는 것이 확인되었다.

이것들을 잘 활용하면, 기분 나쁜 뇌우라를 받을 때도 강력한 아군이 되어줄 것이다. 기분 폭력을 대처할 때 효과적이라는 의미이니 꼭 한 번 시도해보자.

5장

뇌파에 의한
감정의 시각화가 가진
크나큰 가능성

도라에몽의 비밀 도구가
현실로 나타났다?

마지막으로 뇌파 연구에 의해 감정이 시각화됨에 따라 변화할 미래를 예측해보자.

부모와 자녀, 부부, 연인과 친구, 그리고 동료 등 우리는 다양한 인간관계 속에서 살고 있다. 그런 인간관계에 고민이나 갈등이 따르기 마련인데 대부분 상대방의 진심을 모르는 데서 비롯된다.

그래서 우리는 같은 시간을 함께 보내고 많은 이야기를 하며 어떻게든 진심을 파악하려고 노력한다. 하지만 감정은 눈에는 보이지 않기 때문에 좀처럼 잘 되지 않는다.

그리고 보니 일본의 만화가 후지코 F. 후지오의 작품인

《도라에몽》에서 도라에몽은 다른 사람이 그들의 내면의 감정을 보고 들을 수 있도록 하는 다양한 비밀 도구를 미래 세계에서 가져온다.

그것을 연결하면 상대의 목소리를 들을 수 있는 '마음의 소리 스피커', 손에 들고 있는 사람이 생각하는 것을 그대로 말해주는 '솔직 타로', 불을 붙이면 근처에 있는 사람의 기분을 떠오르게 하는 '드림 매치(성냥)', 착용하면 사람의 기분을 읽을 수 있는 '사토리 헬멧' 등 손꼽으면 끝이 없지만, 어린 마음에 그런 도구가 정말 있었으면 좋겠다고 생각했던 사람도 많지 않을까?

그런 식으로 도라에몽의 비밀 도구에는 '있으면 좋겠다'는 사람들의 소망이 반영되어 있는데, 2022년 과거에는 꿈에 불과했던 비밀 도구 중에는 이미 실용화된 것도 많이 있다.

예를 들어 머리카락 등 몸의 일부를 세팅하면 그 사람의 정보를 알 수 있는 '앙케이터'는 이제 보편화된 DNA 검사가 그 역할을 하고 있고, 실로 연결되지 않고도 이야기를 나눌 수 있는 '실 없는 실전화'는 우리가 항상 사용하는 휴대전화 그 자체다. 지름길을 알려주는 '꾸준 지도'라는 도구도 이제 필수품이 된 '구글맵'이나 지도 앱이 그 역할을 하고 있다.

또, 다른 사람의 감정을 알 수 있게 해주는 '기분 측정기'라는 비밀 도구도 있었다. 돋보기 모양의 이 도구로 상대방을 보면 그 사람의 기분이 맑음이나 흐림 등의 날씨로 나타난다. 기분이 좋으면 '맑음'이고 기분이 나쁘면 '흐림'이 된다. 화가 났을 때는 '벼락', 슬플 때는 '비'가 나타난다.

그건 바로 이 책에서 소개한 감성 분석기와 똑같다. 어쩌면 도라에몽의 기분 측정기도 뇌파를 측정하는 것일지도 모른다.

도라에몽은 22세기에서 왔다는 설정이라고 하는데, 그렇다면 예정보다 훨씬 빨리 '다른 사람의 내면을 보고 들을 수 있는 도구' 중 적어도 하나는 실현했다고 말할 수 있다. 즉, 우리는 이제껏 볼 수 없었던 마음을 볼 수 있는 시대를 향해 첫발을 내디딘 셈이다.

감정은 어디까지
읽을 수 있는가?

감성 분석기는 총 서른 가지 이상의 감정을 뇌파에서 읽어낸다. 자랑하는 것은 아니지만, 네 가지의 감정만을 보여주는 도라에몽의 기분 측정기보다 훨씬 고성능이다.

'인간의 감정은 굉장히 복잡한데, 감성 분석기는 어디까지 시각화할 수 있나요?'라는 질문을 많이 받는데, 이론상으로는 모든 감정을 측정할 수 있다. 어떤 감정이든 반드시 호르몬이 관련되어 있고 어떤 감정에도 '뇌파의 변화'라는 현상이 예외 없이 일어나기 때문이다.

감성 분석기는 그 감정과 관련된 호르몬의 변화와 연관된 뇌파의 변화를 읽어내어 감정을 시각화한다. 즉, 어떤 호르몬이 어떻게 관련되어 있는지 정확히 알면 그 감정을 시각화할 수 있다.

예를 들어, 스트레스에 코르티솔이 관련된 것은 분명하다. 그래서 코르티솔 분비량에 따른 뇌파 패턴을 파악함으로써, 최종적으로는 뇌파의 변화를 보는 것만으로 그 사람이 얼마나 스트레스를 받고 있는지 측정할 수 있다.

또한 질투는 호감을 기반으로 스트레스나 혐오, 불쾌감 등이 복잡하게 얽힌 감정이라고 볼 수 있다. 그렇다면 그 감정을 발현시키는 호르몬도 당연히 복잡하게 조합된다. 복잡한 감정이란 그런 것이다.

그래도 질투라는 감정을 '호감 : 스트레스 : 혐오 : 불쾌감'이, 4 : 3 : 2 : 1의 조합으로 된 감정이라고 정의할 수 있다면, 어떤 호르몬이 어떻게 관련되어 있는지 명확히 할 수 있다. 그리고 그 호르몬들의 변화와 뇌파의 변화를 연결시키면 질투라는 감정의 강도를 수치로 보여주는 것도 가능하다.

즉, 어떤 호르몬이 어떻게 관련된 감정인지 명확하게 정의할 수만 있다면 모든 감정을 시각화할 수 있다. 시각화할 수 없는 감정이 있다면 그것은 그 감정을 제대로 정의하지 못해서 호르몬과의 연관성을 찾지 못했고, 그 결과 뇌파 변화를 볼 수 없기 때문이다.

'행복 나눔'에 성공하려면
조건이 있다

뇌파를 통해 감정의 현실적인 모습을 알게 되면 예상하지 못한 점에 놀라고 다양한 생각을 하게 되는 일이 종종 있다. 예를 들어 '행복해 보이는 사람을 보면 이만큼 행복해진다'는 것은 누구에게나 일어나는 일반적인 현상처럼 보이지만, 안타깝게도 뇌파가 그려내는 감정의 실태에 관해서는 그런 결론에 도달할 수 없다.

앞서 말했듯이 우리 뇌는 긍정적인 감정에 별로 동조하지 않는 것이 분명하기 때문이다. 즉, '행복해 보이는 사람을 보면 행복해진다'고 해도 그것이 행복한 기분이 전달되는 것은 아니다. 어디까지나 긍정적인 자극에 의해 옥시토신이나 세로토닌이 분비되고 그 덕분에 행복하다는 기분을 느낄 뿐이다.

예를 들어 행복해 보이는 사람이 여러분이 정말로 좋아하는 사람이라면, 그 사람의 행복해하는 모습은 분명 긍정적인 자극이 될 것이다. 또, 개나 고양이와 같은 동물이 행복해하는 모습도 많은 사람에게 긍정적인 자극으로 작용한다. 이것이야말로 '대가 없는 사랑'이라고 할 수 있을 지도 모른다.

하지만 행복해하는 상대가 여러분의 경쟁자였거나 자신이 크게 고초를 겪고 있다면 어떻게 될까? 그 사람이 행복해하는 모습은 오히려 부정적인 자극이 되지 않을까?

그렇게 되면 반대로 코르티솔이 대량으로 분비된다. 즉, 행복해지기는커녕 강한 스트레스를 받는 것이다. 즉, 뇌파는 우리가 '보고 있는 나까지 행복해진다'가 되려면 '행복해 보이는 사람을 본다'가, 긍정적인 자극이 되느냐, 부정적인 자극이 되느냐에 달려 있지, 항상 '행복의 나눔' 에 끌리는 것은 아님을 알 수 있다.

이것은 인간에게는 매우 유감스러운 감정의 실태다. 여러분이 행복을 느낄 수 있다면 아무리 우울해도 행복한 사람 곁에 가는 것만으로도 마음이 밝아질 것이기 때문이다. 그러면 이 세상도 점점 행복으로 가득 찰 것이다.

하지만 현실은 그렇지 않다. 오히려 부정적인 감정의 뇌파만 주고받는다는 것은 이미 설명했다. 그렇다면 세상도 부정적인 감정에 지배되기 쉽다고 할 수 있다.

뇌파가 그려내는 것은 '한 사람 한 사람이 최대한 부정적인 감정을 갖지 않는 것, 즉 개개인의 행복이 결과적으로 세상의 행복으로 이어진다'는 언뜻 보기에 비현실적으로 느껴지는 '진실'이다.

현실에 솔직하게 반응하는 뇌

다양한 실험 속에서 때로는 우리를 킥킥거리며 웃을 수 있는 감정들을 마주할 수 있다.

[도표 35]는 화장을 할 때 스트레스 수준을 나타내는 뇌파가 어떻게 변하는지 조사한 것이다. 화장하기 전보다는 화장하는 중, 화장한 후에 서서히 스트레스가 내려가는 것을 알 수 있다. 이 효과를 보면 화장을 한다는 것도 스트레스 조절 수단이 될 수 있다는 것을 잘 알 수 있다.

실제로 입원 중에 조금 기분이 우울해진 환자들은 화장을 조금만 해도 기분이 좋아지는 경우가 많은 듯하다.

[도표 35] 화장에 의한 뇌파 변화(스트레스)

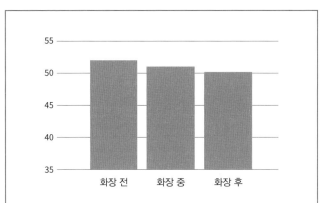

[도표 36]을 보면 재미있는 사실을 알 수 있다.

이것은 화장하기 전, 화장하는 중, 화장한 후의 흥미를 나타내는 뇌파를 각각 측정하여 변화를 평균한 것이다. 이 때의 흥미라는 것은 자신이 얼마나 예쁘게 변할 수 있는 가에 대한 설레는 기분을 의미한다.

놀랍게도 가장 설레는 것은 화장하기 전이었다. 화장을 할수록 흥분 수준이 점점 낮아지는데 이것은 무슨 뜻일까? 아마도 기대에 현실이 따라가지 못하고 있다는 뜻일 것이다.

[도표 36]　화장에 의한 뇌파 변화(흥미)

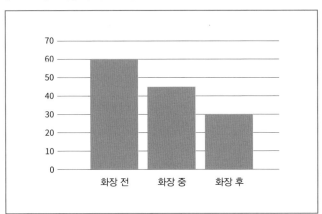

즉, 화장 전에는 화장을 하면 아주 예뻐질 것이라고 기대하고 있었는데, 실제로 화장을 해보니 '어? 생각만큼은 아닐지도?'라고 생각하기 시작하고, 화장을 다 한 뒤에는 '이게 뭐야'라며 실망했다고 생각하면 이런 변화를 이해할 수 있다. 현실에 철저하게 솔직한 뇌의 반응에 나도 모르게 피식 웃고 말았다.

이 실험에서는 직접 화장을 하게 했지만 메이크업 전문가가 화장을 해주면 기대 이상의 마무리가 될 가능성이 크기 때문에 그러면 결과가 달라질 수도 있다.

감정을 잘 다루면
권태기도 극복할 수 있다?

여러 연구에 따르면 외부에서 약한 전기로 뇌 신경 회로를 자극하면 운동, 기억, 학습 등에 영향을 미치게 될 수 있다.

예를 들어 수술 중에 뇌 심부에 전극을 두는 뇌 심부 자극술DBS, Deep Brain Stimulation은 파킨슨병 환자의 손발 떨림을 억제하는 치료법으로 이미 사용되고 있으며, 최근에는 뇌에 약한 전기 신호를 계속 주면 기억력이 지속적으로 향상된다는 논문도 발표되었다. 또한 우울증 치료에 활용하는 방법들이 연구되고 있다.

이렇게 외부에서 뇌의 활동을 조작하는 방법을 '뇌 신경 조절'이라고 하며 지금은 다양한 질환의 원인을 밝히거나 치료하는 데 주로 쓰이고 있지만 가까운 미래에는 '감정을 조절하는 방법'으로 더 부담 없이 사용할 수 있을 것이다.

전기의 힘으로 감정을 다룰 수 있다면 의도적으로 긴

장을 줄이거나 집중력을 높일 수 있다. 시험 전에 의욕을 높일 수도 있고, 편안함을 높이면 숙면을 취할 수 있다. 연인이나 부부간의 권태기 대책으로 호감을 높이는 방법도 있을 것이다. PMS 증상이 나타날 때 스트레스가 높아지는 것을 방지하는 데도 효과가 있을 것이다. 물론 기분 폭력에 대한 대책으로도 사용할 수 있다.

약한 전류를 뇌에 가한다고 하면 조금 무섭게 생각할 수 있지만, 그로 인한 부작용은 걱정할 필요가 없다. 다양한 연구가 그 방법의 안전성을 입증했다. 어쩌면 뇌를 터치하는 것만으로 약한 전류를 주입해 쉽게 감정을 바꿀 수 있는 '기분 스위치'를 스마트폰처럼 휴대할 수 있는 시대가 올지도 모른다.

호르몬 상태도
뇌파로 알 수 있다

우리의 몸과 마음 상태에는 호르몬이 깊이 관여한다. 즉, 호르몬의 상태를 알면 몸과 마음의 상태를 정확하게 파악할 수 있다. 물론 혈액 검사나 타액 검사를 하면 호르몬의 상태를 바로 알 수 있다.

하지만 호르몬의 상태를 알기 위해 매일 혈액 검사나 타액 검사를 하는 것은 비현실적이다. 또한 그것은 채혈을 하거나 타액을 채취했던 때의 결과며, 시시각각 변하는 호르몬의 현 상황을 알 수는 없다.

그래서 지금 실용화를 목표로 매일 연구하고 있는 것은 뇌파에서 특정 호르몬의 상태를 실시간으로 해석하는 장치다. 이것만 있으면 에스트로겐이 몇 %이고 프로게스테론이 몇 %, 옥시토신이 몇 %, 이런 식으로 뇌파를 측정하면 현재의 호르몬 상태를 쉽게 알 수 있다.

자신의 현재 호르몬 상태를 알면 '프로게스테론이 증가해서 짜증이 나는구나'라든가 '에스트로겐이 증가하고 있으니 마음 편히 지낼 수 있을 것 같다'라고, 그 당시의 마음 상태의 원인을 쉽게 파악할 수 있다. 즉, 뇌파에서 감정을 읽는 것과는 다른 의의가 있다.

이것은 원래 여성의 건강 문제를 IT 기술로 해결하는 펨테크femtech(여성female과 기술technology의 합성어로, 여성이 당면한 건강 문제를 IT 기술로 해결할 수 있는 상품과 서비스를 말한다)로서 개발한 적도 있어서 자연히 여성의 건강에 강하게 관여하는 호르몬을 대상으로 한다. 남성 호르몬을 대상으로 한 연구도 별도 진행하고 있다.

감정을 시각화하는 것의 의의와 과제

나는 감정을 아는 것은 나를 아는 것이고, 그런 감정을 서로 알아야 풍부한 인간관계를 만들 수 있다고 생각한다. 자기 자신도 주체할 수 없는 감정의 정체와 그 감정을 일으키는 계기가 무엇인지를 알면, 어설픈 추측을 하지 않고 나라는 인간을 좀 더 객관적인 관점에서 파악할 수 있다.

또 우리는 어렸을 때부터 '상대방의 마음을 생각하자'

는 말을 듣고 자라는데, 그게 답이 아니라면 오히려 상대
방에게 상처를 줄 수도 있지 않을까? 따라서 자신과 타인
의 진짜 감정을 보는 것은 큰 의미가 있다.

그렇지만 감정은 대단히 개인적인 것이기 때문에, 다
른 사람에게 알리고 싶지 않은 일도 있을 것이다. 그런 의
미에서는 최종적인 개인 정보이므로 해결해야 할 윤리적
과제는 물론 남아 있다.

하지만 내가 감정의 시각화가 필요하다고 생각하는 또
다른 이유는 그로 인해 괴로움이 줄어들고 삶의 질이 향
상되는 사람이 분명히 존재하기 때문이다. 예를 들어 우울
증 환자가 얼마나 괴로운지, PMS 증상이 있는 여성이 얼
마나 스트레스를 받는지 등을 시각화할 수 있다면 의사를
비롯한 제삼자가 효과적으로 도와줄 수 있다.

또한 치매 등으로 감정을 잘 표현하지 못하는 사람의
진정한 마음을 볼 수 있으면 의사소통을 하기 쉬워진다.
그러면 힘든 일을 겪고 있는 사람들의 심리적 고립을 막
을 수도 있지 않을까.

ALS(근위축성 측삭경화증 또는 루게릭병으로 부른다) 환자

는 병이 진행되면 안구의 움직임으로만 외부와 소통할 수 있고 결국에는 그 눈도 움직이지 못하게 된다. 하지만 감정이 있는 한 뇌파는 반드시 변화한다. 그 뇌파로 감성을 시각화하면 루게릭 환자와 훨씬 원활하게 소통할 수 있을 것이다.

실제로 어떤 환자가 뇌파 측정 시스템을 켜 주었더니 'Yes와 No'를 감정대로 나타낼 수 있게 되어 가족들도 매우 기뻐했다. 지금은 생각한 것을 그대로 문자로 표시하는 시스템을 만드는 연구도 진행하고 있다. 아직 '문자로 하는 것'은 못하지만 정해진 내용(덥고 추운 등)에서의 의사 표시는 이미 가능하다. 실제로 이렇게 자신의 감정을 시각화해야 하는 사람들이 많다.

단순한 흥미 차원에서는 '꿈의 시각화'도 가능하다고 생각한다. 해외에서는 MRI를 이용해 꿈을 시각화하는 연구가 진행 중인데 뇌파를 통해 그것을 알게 되면 그런 큰 장비는 필요 없을 것이다. 의료와 기술이 발달한 2022년에도 뇌의 기능은 아직 알려지지 않은 부분이 정말 많다.

하지만 '뇌파에 의한 감정의 시각화'는 그 부분을 밝히기 위해 성큼성큼 나아갈 것이다.

나가며

뇌에 대해서는 아직 알려지지 않은 것이 많다.

내가 이번에 이야기한 것은 뇌에서 일어나는 현상을 두피에서 얻을 수 있는 전위(電位)로 보고 그 특징을 찾아서 감정을 인식하는 방법이다. 즉, '뇌파가 XX 상태일 때는 △△한 기분'이라는 연관성을 얻은 것이다. 반대로, '△△한 기분이 되려면 뇌가 XX인 상태여야 한다'는 관계도 이해하게 되었다.

그렇게 생각하면 기분이라는 것은 생각보다 단순한 것 같다. 분노가 폭발할 것 같았을 때, 나는 뇌파의 상태를 상상하면서 '아, 안 돼! 안정되었을 때의 뇌파로 돌아가자'라고 생각한다. 그러면 직접 뇌파를 조절할 수는 없지만 자연스럽게 화가 풀린다. 이 구조를 응용하면 극단적인 이야기, 예를 들어 가슴이 두근거릴 때의 뇌파 상태가 되도록 뇌에 어떤 자극을 주면 우리는 가슴이 두근거리게 될 것이다. 다시 말해서 감정은 뇌파로 조절할 수 있다.

현 단계에서는 어떤 전기 신호를 넣으면 뇌파의 상태가 변한다는 것만 알고 있다. 하지만 어떤 종류의 전기 신호 입력이 어떤 종류의 뇌파를 만들어낼 것인지는 아직 밝혀지지 않았다. 그리고 그 부분에 개인차가 있는지조차 모른다. 아직 모르는 것이 가득한 분야이므로 하나하나 밝힐 수 있도록 연구에 몰두하고 있다.

참고로 나는 감정에는 스위치가 있고, 그것을 누르면 자유롭게 바꿀 수 있다고 생각한다. 하나의 사고방식이라고 받아들이고 그렇게 한 번 생각해보는 건 어떨까?

뇌파로 감정을 인식하는 데 거의 20년이 걸렸다. 앞으로도 더 많은 감정을 정의할 수 있도록 노력할 것이다.

이 연구를 추진한 것은 종잡을 수 없고 눈으로 볼 수도 없는 감정을 눈으로 볼 수 있고 파악할 수 있는 것으로 만들고 싶다. 그리고 그것에 성공한 지금 다시 느끼는 바가 있다.

그것은 감정의 본질을 이해하는 것만이 풍부한 의사소통으로 이어지며, 그것이 다양한 사회적 문제를 해결할 수 있는 실마리가 될 수 있다.

이 책에서 언급한 기분 폭력의 문제는 메커니즘을 알지 못하면 부정적인 상태를 무작정 받아들일 수밖에 없지만, 왜 이런 일이 일어나는지 알면 적절하게 대처할 수 있다. 그와 함께 마음의 부담을 덜어줄 수도 있다.

뇌가 뇌우라로 서로 영향을 주고 우리의 감정이 실제로 우리의 의식이 아닌 호르몬에 의해 자동적으로 통제된다는 것을 알게 되면 개인의 고민이 시각화되고 그 상태를 공유할 수 있다. 못하는 것을 용납할 수 있게 되고 비효율적인 행동을 줄일 수 있으며 쓸데없는 짜증도 없앨 수 있게 될 것이다.

젠더리스 등 다양성이 요구되는 시대에 뇌와 호르몬의 구조를 이해하는 것은 더욱 중요하며 사회적으로 원만하게 어울릴 수 있어야 한다.

시각화를 통해 알 수 있는 것이 있다. 해결할 수 있는 과제가 있다. 미래는 더욱 밝아질 것이다. 나는 그렇게 믿고 뇌파 연구를 계속하고 있다.

감성 분석기를 실용화하기까지 절대 평탄하지 않은 길을 걸어왔다. 그러나 많은 분이 우리 연구에 기꺼이 협조해 주었다. 그분들에게 이 자리를 통해 감사의 말씀을 올린다.

옮긴이 **오시연**

동국대학교 회계학과를 졸업했으며 일본 외국어전문학교 일한통역과를 수료했다. 번역 에이전시 엔터스코리아에서 출판 기획 및 일본어 전문 번역가로 활동하고 있다.

주요 역서로는 《속마음 들키지 않고 할 말 다 하는 심리 대화술》, 《운명을 뛰어넘는 힘》, 《'아니'라고 말하고 싶을 때 읽는 대화법》, 《나는 왜 항상 시간에 쫓길까》, 《당신의 뇌는 최적화를 원한다》, 《삶의 무기가 되는 자본론》, 《나는 너를 용서할 수 있을까》 등 다수가 있다.

뇌는 행복을
기억하지 않는다

1판 1쇄 인쇄 2023년 10월 13일
1판 1쇄 발행 2023년 10월 25일

지은이 미츠쿠라 야스에
옮긴이 오시연

발행인 양원석 **편집장** 정효진
디자인 정세화, 김미선 **영업마케팅** 양정길, 윤송, 김지현, 정다은, 백승원

펴낸 곳 ㈜알에이치코리아
주소 서울시 금천구 가산디지털2로 53, 20층 (가산동, 한라시그마밸리)
편집문의 02-6443-8847 **도서문의** 02-6443-8800
홈페이지 http://rhk.co.kr
등록 2004년 1월 15일 제2-3726호

ISBN 978-89-255-7584-1 (03810)